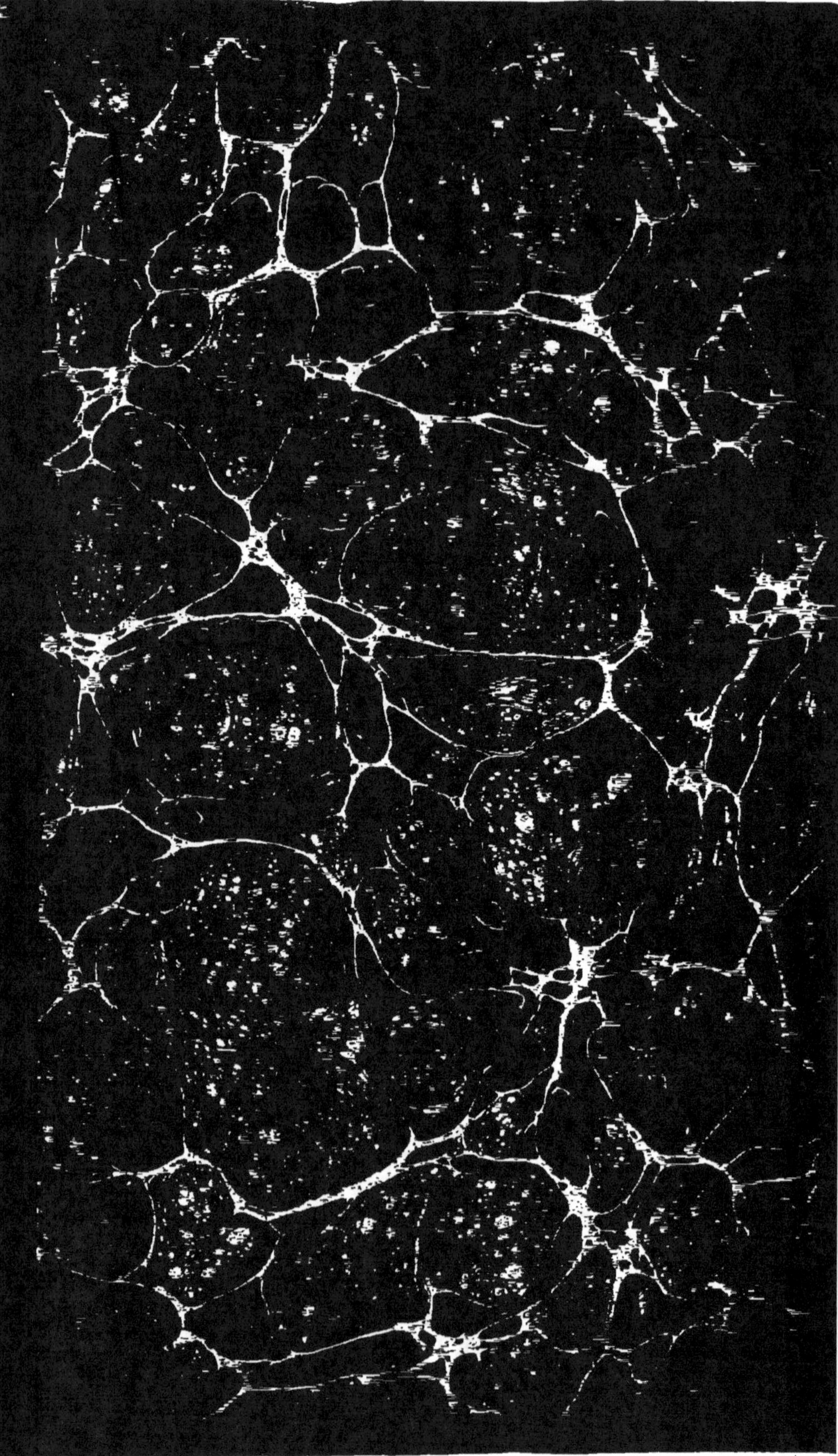

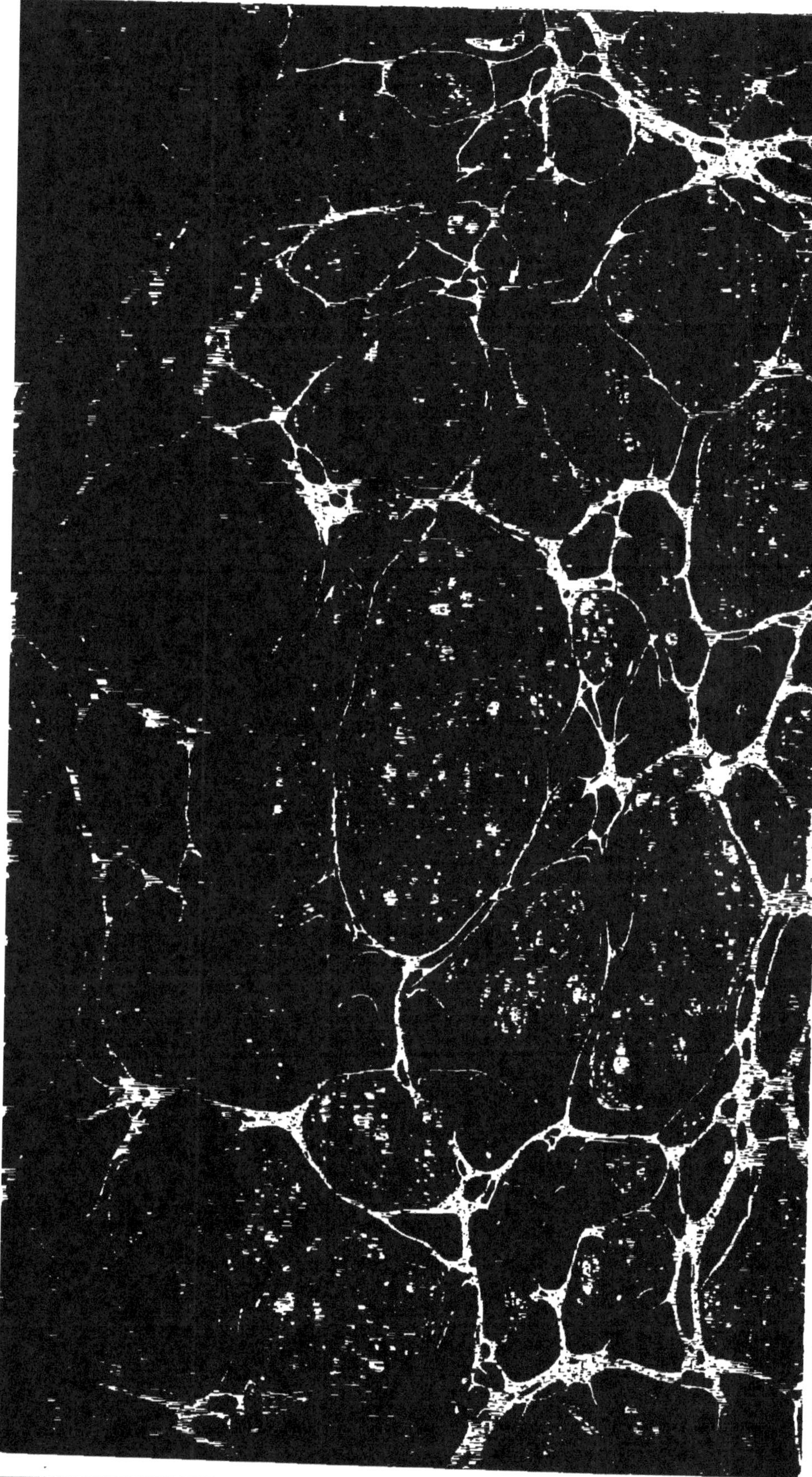

9210
n de

45

# LETTRES PARISIENNES

# OUVRAGES DU MÊME AUTEUR

---

FR.

**Lettres d'un Libre-penseur à un Curé de village**
(1<sup>e</sup> série), 1 vol. in-18. . . . . . . . . . . . . . . .    3

**Lettres d'un Libre-penseur à un Curé de village**
(2<sup>e</sup> série), 1 vol. in-18. . . . . . . . . . . . . .    3

**Le Tocsin,** brochure. . . . . . . . . . . . . . . . . . . *épuisé*

**Alerte!...** brochure. . . . . . . . . . . . . . . . . . . *id...*

**Les Propos d'un Mécréant,** brochure. . . . . . . . . . *id..*

**Le Confesseur de ma Femme,** nouvelle. . . . . . . . . *id. .*

**Le Livre des Femmes,** 1 vol. in-32 de 192 pages. . . . » 35

---

## SOUS PRESSE :

**Le Divorce** (*Projet de loi*), 1 vol. in-18.. . . . . . . . . 3 »

---

## POUR PARAITRE ULTÉRIEUREMENT :

**Un amour honteux** (roman), 1 vol. in-18.. . . . . . . . 3 »»

**La part des Femmes,** 1 vol. in-18. . . . . . . . . . . . 2 »»

**Le Code des Femmes,** 1 vol. in-18.. . . . . . . . . . . 2 »»

**Si les Femmes voulaient?...** brochure. . . . . . . . . . 1 »»

# LETTRES PARISIÈNNES

## LA POLITIQUE

### EN 1873

PAR

## LÉON RICHER

LIBRAIRIE

DE LA SOCIÉTÉ DES GENS DE LETTRES

5, RUE GEOFFROY-MARIE, 5

PARIS

# A MES LECTEURS

Ce livre est une page d'histoire.

Je le dédie à ceux pour qui, surtout, il a été écrit : — Aux républicains du département de l'Aube !

Il est bon, il est utile, il est nécessaire même, à certains moments, de reporter ses regards en arrière.

Ce qui nous manque généralement, à nous autres Français, c'est de fixer dans notre esprit les incidents de nos grandes luttes politiques.— Nous avons le défaut d'oublier trop vite.

C'est ainsi que le souvenir des responsabilités encourues s'efface peu à peu de nos âmes, et que nous livrons légèrement, insoucieusement, — par faiblesse de caractère ou par oubli du passé, —·les destinées de la France à des hommes incapables de les bien conduire ou dont les vues ne répondent point aux nôtres.

Les fatales méprises dont nous sommes victimes en ce moment même, doivent nous servir de leçon.

Voilà pourquoi j'ai fait un livre de quelques feuillets épars, — et, chez beaucoup sans doute, — depuis longtemps égarés.

J'y ai retrouvé un enseignement.

Écrites sous l'impression même des événements souvent graves qu'elles racontent et qu'elles commentent, les *Lettres* dont est composé ce petit volume, réveilleront en nous tous, intéressés au succès de la même cause, coreligionnaires de la même foi, — et c'est leur côté utile, — le souvenir salutaire de nos tristesses et de nos joies communes, de nos craintes et de nos espérances, de nos incessantes défaites parlementaires, rachetées si brillamment par d'éclatantes et continuelles victoires devant le pays!

Les amis connus et inconnus que j'ai pu m'attacher dans l'Aube depuis que les directeurs de l'*Avenir républicain* m'ont fait l'honneur de m'admettre comme soldat, aux côtés de mon excellent confrère et ami, Eugène Réveillaud, accueilleront, je l'espère, avec bienveillance et sympathie, ce recueil modeste, qui se présente à eux sous la forme d'un simple Mémorandum politique.

Nous poursuivons, eux et moi, un but commun : — l'affermissement de la République.

Nous sommes animés d'un même sentiment : — la haine du désordre et de l'anarchie.

Cela suffit pour qu'entre le lecteur et l'écrivain, les liens d'estime et de confiance mutuelle se resserrent.

LÉON RICHER.

Paris, 1er janvier 1874.

# LETTRES PARISIENNES

## I

### Le Convoi de Napoléon III

En lisant dans les journaux bonapartistes le récit des « imposantes » funérailles de celui qui se fit appeler Napoléon III, les derniers courtisans de ce personnage néfaste ont pu se faire un instant illusion.

Eux-mêmes l'ont écrit : « le cérémonial n'eût pas eté mieux ordonné aux Tuileries. » C'était à croire que l'homme de Sedan venait de mourir dans la plénitude de son pouvoir tyrannique, et que les innombrables arrestations d'honnêtes gens, promises pour l'avénement de Napoléon IV, venaient d'avoir lieu.

Toute la France officielle assistait au cortége.

Voyez plutôt :

En tête, M. le duc de Bassano, *chambellan,* et M. le baron de Bourgoing, *écuyer.*

Une députation d'ouvriers français (bons ouvriers !) portant un drapeau tricolore voilé d'un crêpe.

*Le clergé français.*

Puis le char.

Et derrière le char ?.... Tous les grands Corps constitués, rien que cela.

Citons notamment :

*Le Corps diplomatique;*

Les *Maréchaux de France* et les *amiraux;*

Les *Membres du Corps diplomatique français;*

Les généraux et les officiers des armées françaises de terre et de mer;

Les députés a l'assemblée nationale.

En voilà assez, je pense, pour témoigner à quel degré d'audacieuse bouffonnerie peuvent arriver certaines gens.

Parce que quelques prêtres français (encore, est-ce vrai ?), un maréchal, un général, un ambassadeur démissionnaire et trois ou quatre députés corses ont accompagné la dépouille de l'homme qui a livré la France à l'invasion étrangère, on ose écrire que le monde officiel tout entier était là !

A quoi bon cette ridicule comédie? Pourquoi ces équivoques, ces mensonges? Qui comptez-vous tromper? Vous savez bien, messieurs du Deux-Décembre, que vos amis sont rares aujourd'hui en France. Habiles histrions, vous imitez les comédiens du cirque qui font défiler deux mille hommes avec douze soldats. Vos amiraux étaient un, vos maréchaux étaient deux ; les membres du Corps diplomatique français brillaient par leur absence, — et l'Assemblée nationale tenait séance à Versailles !

Vous savez parfaitement que votre récit ampoulé est de pure fantaisie ; mais il vous plaît d'exploiter un événement qui, si vous étiez sincères, devrait contrister vos âmes. Le cadavre de votre empereur vous sert de grosse caisse, et en avant la réclame !

Ce qu'on admirait par-dessus tout à Camden-Place, c'était la députation d'ouvriers français que les ordonnateurs de la chose avaient imaginé de mettre en tête du cortége. Ils étaient bien vingt-cinq ou trente, vêtus de blouses sales ou défraîchies. Pourquoi ces blouses malpropres ? Est-ce amour du réalisme ? Mais ces « trente travailleurs » ne sont pas allés là au sortir de l'atelier, sans avoir eu le temps de changer de linge ? D'habitude, quand ils sortent, ils ont le soin de se laver les mains. Dans toutes les villes de l'Europe, on connaît les ouvriers français ; ils ont pris part à des meetings, ils ont assisté à des congrès ; partout et toujours on les a rencontrés vêtus d'une redingote ou d'un paletot. Je suis fâché de le dire, mais cette exagération de la couleur locale a produit, aux yeux des assistants étrangers, un effet tout différent de celui qu'on voulait atteindre. En voyant passer ces *déguisés*, on s'est dit : « Tiens! les blouses blanches! » Personne n'a été dupe.

C'est en vain qu'on essaiera de galvaniser l'empire. Les journaux bonaparteux ont beau continuer de paraître encadrés d'un large filet noir ; ils ont beau imprimer qu'à l'heure des funérailles, des larmes abondantes coulaient des yeux « des sept millions et demi d'hommes, nobles, bourgeois, prêtres, soldats, fermiers, laboureurs, ouvriers, qui, trois fois en vingt ans, avaient porté ou acclamé Louis Bonaparte sur le trône, » — c'est fini, bien fini.

Et déjà, si nous en croyons les bruits qui circulent, la dissension se met au sein de la famille. Ou assure, en effet, que le mari de la princesse Clotilde entend faire valoir « ses droits » au césarisme. Nous allons donc avoir deux prétendants nouveaux : Napoléon IV et Jérôme Ier.

Bravo! messieurs les princes, plus vous serez nombreux et plus seront diminuées les chances de chacun de vous. Vos divisions font la force de la République ; c'est pourquoi nous sommes heureux d'apprendre qu'une quatrième branche vient de pousser à l'arbre dynastique. Chamaillez-vous fort, disputez-vous dur, dites-vous à la face du pays beaucoup de grosses vérités ; la galerie applaudira.

Que de mystères peut-être va révéler à la

France la querelle intestine des deux Bonapartes!

Nous nous attendons, pour notre part, à de curieuses révélations.

18 janvier 1873.

## II

### Les dangers de la Monarchie

Ils l'ont avoué!... Leurs interpellations ne sont que des prétextes. Ce qu'ils veulent, c'est la chute du gouvernement. Et ces gens-là se prétendent conservateurs! Ils osent dire qu'ils représentent l'ordre et que, s'ils arrivaient au pouvoir, la France se relèverait de ses ruines!
Jamais!...
Il ne faut pas se le dissimuler, nous sommes **en présence** d'un parti-pris d'agitation. La droite ne veut pas que le pays se rassure : elle sème avec intention l'inquiétude. Son but est d'inspirer la haine de la République.

Allez au fond de tous les débats soulevés par le parti des évêques et des bonnets à poil, c'est toujours la même préoccupation qui domine. Il s'agit de jeter M. Thiers à la porte pour rétablir la monarchie. On commencera par les ministres, le tour du Président viendra ensuite. Reste à savoir si le pays se fera le complice de semblables manœuvres.

Qui nous eût dit, il y a cinq ou six ans, que M. Thiers, défenseur du pouvoir temporel des papes, serait un jour, en France, le dernier et plus sûr rempart de la République ? Je me souviens de mes appréhensions passées ; je doutais de lui, comme beaucoup d'autres ; son attitude à Bordeaux m'avait effrayé, je redoutais un coup d'Etat parlementaire. Aujourd'hui, je ne crains pas de le dire, malgré ses faiblesses pour la droite, malgré ses imprudentes concessions aux exigences de ses impitoyables adversaires, mes inquiétudes, en ce qui le touche, sont complétement dissipées.

M. Thiers n'est pas républicain, on le sait de reste. Lui-même l'a franchement avoué : s'il lui était permis de faire de la France une nation selon son cœur, il la doterait dès demain d'une bonne monarchie constitutionnelle. La monarchie constitutionnelle est son idéal.

Mais M. Thiers est patriote, et il place le salut du pays au-dessus de ses préférences. Voilà ce que les entêtés royalistes ne peuvent lui pardonner. Il a vu, il a compris que la République seule peut donner à la France la stabilité dont elle a besoin ; il sait que toute tentative de restauration monarchique aurait pour résultat immédiat : 1° la guerre civile ; 2° la guerre étrangère, et que des désastres sans nombre, pires cent fois que ceux qui nous ont si cruellement éprouvés, nous précipiteraient, meurtris et saignants, dans un abîme de misères dont nul regard humain ne saurait, à l'heure où nous sommes, mesurer l'insondable profondeur.

Et voilà pourquoi, malgré ses tendances personnelles, M. Thiers proclame l'impérieuse nécessité d'asseoir le gouvernement républicain et se consume en efforts inouïs pour rallier à cette idée généreuse les hommes qu'il considère — trop complaisamment, il me semble — comme les soutiens naturels de l'ordre.

M. Thiers a mille fois raison. La République seule est désormais possible en France ; et quand il parle de République *conservatrice*, l'illustre homme d'Etat sait bien ce qu'il entend exprimer par cette qualification nouvelle. La République garantira la paix au dedans et au dehors, relèvera le commerce, protégera les intérêts, donnera la sécurité, la stabilité nécessaires à la reprise des transactions, et cela, tout simplement parce que le pays se prononce pour elle. Une monarchie produirait juste l'effet contraire.

Que tous ceux qui possèdent veuillent bien y songer ! Que les industriels, les chefs d'usines, les commerçants de tout ordre, prennent la peine de réfléchir aux conséquences inévitables d'une restauration quelconque, et qu'ils disent s'il ne vaut pas mieux, pour eux, soutenir le gouvernement loyal de M. Thiers, que de se jeter, tête baissée, dans l'inconnu. Une restauration monarchique après tant d'épreuves douloureuses ! Mais avant huit jours toutes les fabriques seraient fermées, les ateliers chômeraient, les faillites succéderaient aux faillites avec une rapidité effrayante ; et des masses indisciplinées d'ouvriers sans travail crieraient qu'ils ont besoin de vivre ! Ce serait partout la ruine.

Je sais bien que l'on compte sur une main de fer ; mais nous savons ce que valent les mains de fer, — et ce qu'elles durent ! Le despotisme fatigue à la longue, parce qu'il est rare qu'après en avoir un instant profité, on n'en souffre pas soi-même un peu quelque jour. Une opposition se forme, grandit, et un moment vient où l'échafaudage de précautions à grand'peine élevé, s'écroule aux applaudissements de ceux mêmes qui l'avaient proclamé nécessaire. Ce jour-là, on peut prévoir qu'une fois encore la révolution est proche.

Je m'adresse aux hommes d'ordre, et je leur demande : — Est-ce pour votre sécurité personnelle, dans un but de conservation, ou pour le simple plaisir de satisfaire d'ambitieuses convoitises, que vous aideriez à refaire la monarchie ? Il vous importe fort peu, j'imagine, qu'un Prince ait la joie suprême de s'asseoir sur le trône de ses pères. Ce que vous voulez avant tout, c'est l'ordre, c'est la paix, c'est la certitude que vos intérêts matériels et moraux, votre fortune et votre foi religieuse, seront garantis, respectés. Vous voulez conserver ce que vous avez acquis; vous voulez être sûrs de votre lendemain.

Eh bien! la meilleure façon, suivant moi, d'assurer votre lendemain, c'est de ne pas vous jeter étourdiment dans les aventures. Restez maîtres de vos destinées, dirigez vous-mêmes vos affaires, ne déléguez à personne le soin de vous gouverner despotiquement. Qui vous assure que, sans prendre la peine de vous consulter, le souverain que vous auriez chargé de protéger votre fortune, ne vous imposerait pas, à son tour, quelque guerre coûteuse ? Souvenez-vous des promesses du second Empire !

En politique comme en toutes choses, la prudence est mère de la sécurité.

24 janvier 1873.

# III

## Il faut garder la République

Décidément, je ne suis pas fort en politique. J'ai dit, il y a huit jours — d'accord avec M. Thiers — que la République seule était désormais possible en France; eh bien ! c'est juste le contraire qui est vrai. Il n'y a chez nous qu'une forme de gouvernement capable d'offrir des chances de durée : la Monarchie.

Telle est du moins l'opinion du journal l'*Assemblée nationale*, organe nouvellement éclos de la droite versaillaise.

Et cela tient à des causes si évidentes, si palpables qu'il n'est pas même besoin de les discuter. Les faits historiques ne prouvent rien. Nous avons beau soutenir que la République n'a jamais péri qu'assassinée : une première fois le 18 Brumaire, une seconde fois le 2 Décembre, tandis que les dynasties se sont toutes écroulées sous le poids de leurs propres fautes ; nous avons beau répéter que Louis XVII n'a pas succédé à Louis XVI, que Napoléon II n'a pas succédé à Napoléon I⁰ʳ, que le comte de Chambord (surnommé Henri V par ses amis) n'a pas succédé à Charles X, que le comte de Paris n'a pas succédé à Louis-Philippe, que Napoléon IV n'a pas recueilli la succession du capitulard de Sedan, — c'est nous qui avons tort.

« La République, comme gouvernement
« définitif, affirme doctoralement la gazette des
« ducs, est impossible en France, par des rai-
« sons qui tiennent à notre caractère, à notre
« organisation, à la situation même du pays. »

Vous voyez, c'est absolu ; — il faut en prendre notre parti.

Seulement, le docte journal oublie de nous dire quelle espèce de monarchie convient à notre tempérament et à notre situation géographique. Est-ce la monarchie de droit divin ou la monarchie constitutionnelle ? Faut-il être légitimiste ou orléaniste ? Devons-nous tenir pour le fils de Napoléon III ou pour le cousin Jérôme ? Je crois que l'*Assemblée nationale*, malgré toute son assurance, ne le sait pas très-bien elle-même. Elle est, pour le moment, éclectique, je veux dire *expectante ;* — elle attend que les événements se dessinent.

Nous n'aurions vraiment qu'à hausser les épaules devant ces défis perpétuels jetés au sens commun, et ces démentis donnés à l'histoire, si la situation n'était aussi grave. Mais nous nous souvenons de 1851, et nous savons, par expérience, de quoi sont capables les entrepreneurs de restaurations.

Nous les voyons à l'œuvre, et cela suffit pour nous tenir en méfiance. Combien de fois, depuis six mois, n'ai-je pas entendu des marchands dont le commerce ne va pas, s'écrier avec emportement : « Vous voyez! en République, on n'est jamais tranquille! »

A qui la faute, s'il vous plaît? Aux républicains? Non, vous le savez. Tout le désordre vient des conspirations du parti royaliste contre le gouvernement établi. Il s'agit de discréditer la République dans l'esprit des naïfs; on y arrive en semant l'inquiétude et la peur. Ceux qui veulent travailler, ceux qui ont besoin de stabilité, font en eux-mêmes des comparaisons; ils opposent ce qui était à ce qui est; et s'ils ne sont pas suffisamment éclairés, s'ils ne se rendent pas un compte exact de ce qui se passe, ils regrettent les années de calme apparent dont ils ont joui pendant un temps plus ou moins long. De là à souhaiter un *sauveur*, il n'y a pas loin.

Ah! que ceux qui reportent avec complaisance leurs regards en arrière, veuillent bien m'entendre! L'Empire, dites-vous, vous avait donné la prospérité, les affaires marchaient, la Bourse était haute. Oui, mais comptez-vous pour rien les désastres de la fin? Avez-vous oublié déjà les DIX MILLIARDS qu'une seule de ses folies coûte à la France, sans parler du territoire perdu?

Pendant quinze ans, vous avez gagné de l'argent, beaucoup d'argent : où sont aujourd'hui vos économies? Les capitaux laborieusement amassés se sont envolés, pièce d'or à pièce d'or, de l'autre côté de la frontière. Six mois ont suffi pour engloutir le produit de dix-huit années de travail. Je connais des familles, à peu près riches avant la guerre, qui ne possèdent plus rien aujourd'hui. Leurs propriétés ont été pillées et détruites de fond en comble.

Des ouvriers soigneux et rangés, qui avaient sagement déposé leur modeste pécule à la caisse d'épargne et comptaient sur un petit capital pour leurs vieux jours, ont vu s'en aller, sou par sou, leurs patientes économies. C'est qu'à présent la vie est chère; il faut payer le vainqueur, et les impôts sont devenus lourds.

C'est le résultat... Qu'on me dise maintenant où est le profit!

Sans doute, tout le monde n'a pas été éprouvé de la même manière; qu'importe? — Qui peut affirmer d'ailleurs que ce ne sera pas son tour demain?

On met en avant les jours heureux, mais on oublie la débâcle; — c'est justement ce dont on devrait le mieux se souvenir.

Un régime qui met les destinées de tout un peuple aux mains d'un seul homme ne peut que créer d'immenses dangers. C'est folie de croire que les princes convoitent le pouvoir pour le plus grand bonheur des peuples ; ils le convoitent pour eux, par vanité, par orgueil, — et leur entourage ne les soutient que pour les grasses sinécures qu'ils distribuent.

Si les princes sont convaincus, autant qu'ils le disent, que la monarchie sauverait la France, pourquoi ne s'entendent-ils pas pour relever le trône ? Au lieu de se neutraliser comme ils le font, pourquoi trois d'entre eux ne s'effacent-ils pas noblement devant le quatrième ? Mais voilà, tous voudraient être ce quatrième. Cela prouve qu'ils se moquent de l'intérêt du pays comme de leur dernière paire de bottes.

Ils n'ont qu'un souci : régner !

Un d'eux n'aurait pas plus tôt posé sur sa tête la couronne de « ses pères, » que vous verriez les trois larrons évincés conspirer contre lui, — toujours dans l'intérêt de la France.

Et cependant, nous aurions la Monarchie...
O comédie ! comédie ! ! !

31 janvier 1873.

---

# IV

### M. Dufaure à la Commission des Trente

Il n'est personne qui n'ait lu, une fois au moins dans sa vie, le compte-rendu des sinistres formalités qui précèdent l'exécution d'un condamné à mort.

Le misérable, qui presque toujours ignore l'heure de l'expiation, dort paisiblement dans sa cellule : l'espoir ne l'a pas abandonné. Si criminel qu'il ait pu être, il compte sur l'indulgence de la société outragée. En admettant que son pourvoi soit rejeté, il lui reste la suprême ressource du recours en grâce. Bien d'autres que lui ont dû leur salut à la pitié du chef de l'État. Il a des protecteurs, son avocat ne l'abandonne pas. Non, l'échafaud ne se dressera pas pour lui : il vivra.

Quelquefois, l'illusion est plus complète encore. Le condamné, bercé par le sommeil, rêve qu'il est libre ; les entraves qui embarrassaient ses mouvements sont tombées ; il se revoit heureux ; sa femme et ses enfants sont près de lui. Son vieux père lui parle. Il est tranquillement assis au foyer de la famille. Tout lui sourit.

Mais l'aube va paraître ; quatre heures ont sonné, et de l'autre côté des murs de la prison, des ouvriers travaillent à la lueur des torches, et aux applaudissements d'une foule sans cesse grossissante, à la construction de la hideuse machine. Soudain, la porte du cachot s'ouvre : un homme s'avance, suivi de trois autres personnages. Le cortége marche lentement vers le lit. Le condamné dort toujours. Mais une main s'est appesantie sur son épaule, et le voilà qui s'éveille en sursaut... Alors retentit à son oreille cette foudroyante parole : « Le moment fatal est venu ! »

Quoi ! déjà !... — Vous jugez de l'émotion profonde qui s'empare à ce moment du malheureux. Il dormait d'un si bon sommeil tout à l'heure ! Il faisait de si doux songes !... Ah ! la secousse est rude !

Quelque chose d'analogue, — soit dit sans comparaison malveillante, — vient d'arriver à la commission des Trente. Elle aussi vient d'être brusquement réveillée ; l'avenir s'ouvrait devant elle, plein de promesses ; elle allait en finir avec M. Thiers, la République croulerait, le pouvoir appartiendrait aux bonnets à poils. Comme elle était heureuse ! Elle avait bien sur la conscience quelques méfaits graves, elle n'ignorait pas que ses manœuvres étaient de nature à provoquer la guerre civile et à compromettre la libération du territoire ; elle pressentait vaguement que l'homme illustre qui préside aux destinées de la France essaierait de la mettre dans l'impossibilité de nuire et prendrait ou tenterait de prendre contre elle des mesures préventives, dans l'intérêt de l'ordre public ; — mais elle n'imaginait pas que cela pût aller jusqu'à la peine de mort.

Aussi la stupéfaction a-t-elle été grande, au sein de la commission, lorsque M. Dufaure, au

nom du gouvernement, a rappelé à ces messieurs que l'heure de la dissolution était proche,
et qu'il fallait s'y préparer.

« Eh quoi ! nous ne sommes donc pas éter-
nels ? se sont demandé avec effarement les ducs.
Le gouvernement, faisant chorus avec le pays,
nous signifie notre congé ! Il va bientôt falloir
boucler nos malles et comparaître devant le
grand Juge !... »

— Mon Dieu ! oui, messieurs, a répliqué
M. Dufaure, de ce ton cassant qu'on lui connaît,
et je vous prie même de vous occuper *à bref
délai* de votre déménagement.

Quelle chute ! quel réveil !

Ils se croyaient sauvés ; ils poussaient l'illusion jusqu'à se dire les maîtres, et voilà qu'ils
tombent à plat — de toute la hauteur du pié-
destal qu'ils s'étaient, avec tant de peine édifié.
Je comprends qu'ils soient attérés.

Cependant l'un d'eux, essayant de réagir
contre l'abattement général, a cru devoir se
draper, une fois encore, dans sa dignité.

— Votre expression « à bref délai », me paraît blessante, a-t-il dit ; je demande que
M. Dufaure la remplace par le mot *immédiatement.*

— Soit, a répondu en souriant M. le garde
des sceaux, nous écrirons « immédiatement... » *c'est la même chose.*

Convenons qu'en tout ceci, M. Thiers a montré une patience et une habileté au-dessus de tout éloge. D'autres, à sa place, se fussent irrités des agissements de la commission; lui, n'a rien dit. Il a laissé les rêveurs de monarchie poursuivre paisiblement leur tortueuse besogne. La France, maintenant, connaît le fond de leur sac; elle sait dans quels périls il plaisait à ces meneurs de la jeter. On a vu de près leur œuvre; la mèche est éventée. Chargés, par un vote de l'Assemblée nationale, d'organiser les pouvoirs publics, ils n'ont eu d'autre préoccupation que de désorganiser de fond en comble le gouvernement; nommés pour améliorer les institutions, ils ne se sont attachés qu'à tout démolir autour d'eux. M. Thiers a dû leur faire comprendre qu'ils étaient complétement sortis des termes de leur mandat.

Du président de la République, ils auraient voulu faire un mannequin. Je comprends parfaitement leurs raisons. La vérité les épouvante, parce que la vérité les menace; ils eussent été bien aises que M. Thiers ne pût jamais la faire entendre au pays. Malheureusement, ils ont eu à lutter contre un homme qui ne se laisse pas facilement désarçonner.

— Pourquoi donc, ont-ils osé dire au chef de l'État, ne vous contentez-vous pas de régner? Vous-même avez prononcé cette belle parole : « Le roi règne et ne gouverne pas ».

— Je ne suis pas *roi*, a spirituellement répondu

l'illustre vieillard, et je m'en félicite ; dès lors, je ne *règne* pas. Si, par-dessus le marché, vous voulez me défendre de *gouverner*, à quoi servirai-je ?

Le président de la République a vu clairement qu'on voulait le réduire à l'impuissance, pour mieux renverser son gouvernement et précipiter la France dans les horreurs d'une révolution ou les hasards d'un coup d'Etat. La mesure était comble : il fallait en finir.

C'est pourquoi, ayant constaté que, grâce aux menées du parti des ducs, les affaires du pays allaient de mal en pis et que l'ordre public était menacé, l'honorable chef du gouvernement a fait dire aux membres de la commission, par la bouche même du ministre sur lequel les monarchistes comptaient le plus : « Messieurs, vous n'avez plus que quelques mois à vivre, veuillez songer à votre testament. »

Entre nous, la leçon n'est pas volée.

7 février 1873.

---

## V

### Le dessous des cartes

— Non, mon cher, fit le droitier, nous ne céderons sur aucun point ; notre parti est pris, il faut en finir.

— On assure pourtant que quelques-uns des vôtres sont disposés à faire des concessions.

— En apparence, mais n'y croyez pas. Ce que nous accorderons d'une main, nous le reprendrons toujours de l'autre ; aucune entente n'est possible entre nous et le gouvernement actuel. Quand nous paraissons disposés à transiger, dites-vous que nous obéissons à des nécessités d'ordre supérieur. Nous reculons pour mieux frapper ; il est parfois habile de simuler une retraite. Nous ne sommes pas gens à lâcher pied ; vous pouvez vous attendre à nous revoir sans cesse provoquer de nouveaux conflits.

— Vous en voulez donc bien à M. Thiers ?

— Moins qu'il ne vous semble ; sa personnalité n'est pas en jeu. Notre objectif, c'est la République... Et tenez, puisque nous sommes sur ce sujet délicat, je vais vous parler à cœur ouvert. M. Thiers, qui est un habile homme, nous a mis, par deux fois, au défi de rétablir la monarchie ; rigoureusement, il a raison. Nous serions au pouvoir, que nous ne parviendrions pas, pour le moment, à vaincre les répugnances de la nation. Relever le trône par un vote de l'Assemblée, est donc impossible ; il n'y faut pas songer. Un coup d'État parlementaire n'aurait pas plus de chances de réussir.

— Eh bien ! alors...

— Ecoutez-moi. Nous ne pouvons donner la couronne à aucun des prétendants ; nous sommes

impuissants à renverser la République, même
par un coup de force, cela est vrai ; mais ce que
nous ne pouvons faire, nous autres députés (et
voilà en quoi M. Thiers s'abuse), il nous est
possible d'amener le pays à le faire lui-même.
Suivez bien mon raisonnement : la France veut
l'ordre, elle a soif de repos, de tranquillité, de
paix intérieure ; eh bien ! si la République ne
lui donne pas, dans un délai très-court, ces
choses indispensables, elle en aura bientôt par-
dessus la tête, et vous la verrez demander elle-
même un *sauveur*. « Préparer la venue du sauveur, » voilà, en quatre mots, tout le problème.
La tâche n'est pas difficile ; il s'agit de rendre la
République insupportable, et dans cet ordre
d'idées, il me semble que nous n'avons pas trop
mal travaillé jusqu'à présent. Croyez-vous, par
exemple, que, sous n'importe quelle monarchie,
une Chambre quelconque aurait pu tenir en
échec le gouvernement légal comme nous l'a-
vons fait depuis six mois ? Pensez-vous qu'une
majorité, fût-elle plus forte que la nôtre, aurait
impunément, sous les régimes antérieurs, créé
au pouvoir des difficultés et des embarras pareils à ceux dont nous entourons l'administration
de M. Thiers ? Jamais de la vie ! Un bon décret
de dissolution serait déjà survenu, qui aurait
renvoyé les députés récalcitrants devant leurs
électeurs, et le pays se serait prononcé pour ou
contre cette politique à outrance. Mais dans la

situation actuelle, ce moyen tout simple de clore les crises, n'est pas à la disposition du chef de l'État...

— Cela ne tient pas à l'essence même du régime républicain.

— Sans doute, puisque, au contraire, la République repose sur la volonté nationale : mais le peuple ne se rend pas compte de ces choses un peu trop abstraites pour son entendement. Ce qu'il voit, c'est qu'il y a désaccord entre la Chambre et M. Thiers, que ce désaccord (sans remède, puisque nous sommes souverains et irresponsables), jette la perturbation dans les affaires, ralentit le commerce, arrête le travail, suspend toutes les transactions, ébranle notre crédit, effraye les capitaux, nous menace, par-dessus le marché, d'une épouvantable guerre civile, — et il se dit dans son ingénuité : « Ah! si c'est ça la République !... »

— De sorte que toutes vos manœuvres n'ont d'autre but que de dégoûter le pays de la forme républicaine?

— Précisément. Au fond, nous savons que M. Thiers est un homme d'ordre et qu'avec lui tout irait bien; mais nous ne voulons pas qu'il fonde un gouvernement qui serait la ruine de nos espérances. Nous ferons tant que, fatiguée, épuisée, la France demandera elle-même la restauration d'un de ses princes.

— Lequel comptez-vous choisir? Nous en avons trois, si ce n'est quatre ?

— Voilà la grosse difficulté. Quand nous en serons là, nous verrons. L'essentiel, pour le quart d'heure, c'est de faire naître ce que M. de Bismarck, qui s'y connaît, appelait pendant la guerre le « moment psychologique. » Il vient toujours, en effet, un moment où les places les plus rebelles se rendent : la France se rendra.

— Ah ! c'est habile !... Impuissants à rétablir la monarchie, vous essayez de la rendre nécessaire.

— Désirable tout au moins. Et vous verrez que les crises succédant aux crises, les commerçants petits et gros, les industriels, les paysans, les ouvriers eux-mêmes qui, en fin de compte, ont besoin de travailler, préféreront une monarchie quelconque au régime incertain sous lequel nous vivons. *Harceler* le pays, voilà, mon cher, le secret de tous nos agissements.

— C'est un jeu dangereux.

— Peut-être... Mais que faire à cela ? Ici, nécessité fait loi ; nous n'avons pas le choix des moyens. Et puis, vous savez : « Aux grands maux, les grands remèdes !... »

Ayant ainsi parlé, le droitier serra avec effusion la main de son interlocuteur, et s'éloigna.

Juste à la même heure, les deux Chambres espagnoles, réunies en Cortès souveraines, proclamaient, par 256 voix contre 32, la République à Madrid.

O leçon !

Et qui prouve à ces messieurs de la commission des Trente, que le pays se laissera prendre au piége grossier qu'ils lui tendent ? Qui leur dit que la France sera dupe de leurs tortueuses intrigues ? Les moments de l'Assemblée de Versailles sont désormais comptés ; l'heure de la dissolution est proche. Il ne nous faut plus qu'un peu de patience...

NOUS EN AURONS !

11 février 1873.

---

# VI

### La nouvelle loi électorale

Donc, l'Assemblée actuelle sera chargée, — avant son déménagement, — de doter le pays d'une nouvelle loi électorale : en d'autres termes, elle réglera elle-même la composition du tribunal futur qui devra lui demander ses comptes. On peut être sûr d'avance, que bon nombre des juges, connus pour être mécontents, se trouveront récusés. Plus d'un, parmi ceux qui ont confié le mandat, peuvent s'attendre à être privés du droit d'interroger le mandataire, et de lui crier publiquement : « Ah! çà mais, brave homme, expliquez-moi donc un peu ce que vous avez fait de ma procuration ? »

La loi électorale, — je parle de la nouvelle, — est en effet la dernière planche de salut du parti des princes. Si le suffrage universel est adroitement mutilé ; si, par quelques dispositions machiavéliques — quoique d'apparence honnête — on parvient à restreindre convenablement le nombre trop considérable des électeurs, c'est-à-dire à *épurer* les listes, de manière à en écarter les mal pensants, il reste des chances pour qu'aux élections prochaines les monarchistes reviennent en majorité. Dans le cas contraire, c'est la République qui triomphe.

Vous comprenez dès lors, que la droite tienne beaucoup à réviser la loi de 1849. Déjà on vient de toucher à l'une de ses principales dispositions. L'intention qui a dicté la réforme était mauvaise ; mais le but à atteindre était bon, — ce qui compense. Nous pouvons donc, malgré le mobile auquel ont obéi les auteurs de cette modification partielle, nous réjouir du résultat obtenu. La droite s'est endommagée elle-même, comme toujours, en croyant ne frapper que ses adversaires. Si l'espace ne me faisait défaut, j'essaierais de mettre en lumière les avantages incontestables que présente la loi Savary,

tant au point de vue de la dignité, de la moralité des élections, que sous le rapport des faci-
lités qu'elle donne aux diverses nuances de
l'opinion politique, de se produire au premier
tour de scrutin, de se compter, de s'affirmer,
sans risquer, pour cela, de compromettre l'élection.

Mais ce n'est pas de cette réforme isolée
que je veux parler ; il s'agit en ce moment de la
refonte complète de la loi, et à ce propos, je dois
présenter une observation qui me semble valoir
la peine qu'on s'y arrête :

Tous tant que nous sommes, simples électeurs, nous avons passablement été dupés,
jusqu'à présent, par les personnages de tout
acabit, auxquels nous avions loyalement confié
le soin de défendre nos intérêts. Les promesses
n'ont jamais tari dans la bouche des candidats ;
on nous a amadoués par des professions de
foi ronflantes ; et puis, l'élection faite, les
engagements les plus solennels sont devenus
lettre-morte. Voyez plutôt ce qui se passe !
Est-ce que la volonté des électeurs compte
aujourd'hui pour quelque chose ? Ah ! comme
on en rit ! Le pays proteste contre la conduite
de ses représentants ; silence au pays ! Qu'est-
ce à dire ? et que veut cette vile multitude ?
L'Assemblée est souveraine.

Souveraine !... toute seule ? Allons donc ! Je

ne reconnais, moi, qu'une souveraineté : celle de la nation. A moins que vous ne retourniez (je sais, messieurs de la droite, que cela vous accommoderait énormément), à moins, dis-je, que vous ne fassiez retour à l'absolutisme du droit divin, du moment où vous recevez votre investiture de l'élection populaire, il n'y a d'autre souveraineté que la souveraineté du peuple ; la vôtre n'est que la représentation de celle du pays : une délégation — rien de plus.

Si vous prétendez confisquer à votre profit seul la souveraineté nationale, vous usurpez. Le mandataire doit respect au mandant.

Nous voulons bien reconnaître que vous êtes, de par le droit que vous confère votre titre de députés, les arbitres légitimes de la France ; mais à une condition : c'est que vous resterez dans les termes du contrat passé entre vous et vos commettants, et que vous tiendrez jusqu'au bout les promesses de votre profession de foi politique. Comment ! nous vous avons nommés parce que vous déclariez, sur l'honneur, vouloir marcher dans une voie conforme à nos intentions, et vous vous imaginez que vous représentez souverainement nos aspirations, nos volontés, lorsque vous nous tournez casaque ! Vous vous représentez, *vous*, c'est possible ; mais *nous*, — non !

Si je vous donnais une procuration authentique pour ordonner des réparations à ma maison, traiter avec les entrepreneurs, régler les mémoires et payer la dépense, et qu'au lieu de cela vous fissiez démolir mon immeuble, pensez-vous qu'un tribunal civil ne vous condamnerait pas ? Il vous condamnerait bel et bien comme mandataires infidèles !

En politique, à ce qu'il paraît, les choses ne se passent pas de la même façon ; on trompe le propriétaire, on fait fi des ordres du mandant, on se substitue à lui, on accomplit le contraire de ce qu'il demande, — le contraire de ce qu'on avait juré de faire, — et il n'y a pas la moindre pénalité dans nos lois pour atteindre le coupable ! Les intérêts privés sont sauvegardés, les intérêts généraux ne le sont pas. Le code prend des garanties pour les cas particuliers, il n'en prend aucune lorsqu'il s'agit de l'ordre public. Qu'il me soit permis de dire que cette absence de garanties est le pire de tous les dangers.

A quel signe peut-on reconnaître l'homme honnête de l'intrigant ? L'élection, telle qu'elle est pratiquée aujourd'hui, est livrée tout entière au hasard. Elle est, comme le mariage, une loterie. Si l'on a eu la main heureuse, tant mieux ; mais si l'on s'est trouvé en face d'un ambitieux sans foi ni loi, il faut en supporter jusqu'au bout les conséquences : pas de remède !

Eh bien ! puisqu'on veut refaire la loi électorale, il serait sage d'y introduire des mesures *réparatrices*. Jusqu'à présent, les législateurs ont pris beaucoup de précautions..... contre l'électeur, jamais contre l'élu. C'est le tort. Un électeur qui fraude, n'est qu'*un ;* un élu qui trompe, fausse à lui tout seul l'expression de plusieurs milliers de suffrages. Il est donc indispensable que les députés soucieux de la sincérité du suffrage universel, exigent du gouvernement et de la majorité de l'Assemblée que l'on songe, un peu plus qu'on ne l'a fait jusqu'à présent, au droit inaliénable que possèdent les électeurs d'être toujours *réellement* représentés, et que l'on fasse entrer dans la nouvelle loi des dispositions qui permettent à un Collége, trompé sur les opinions d'un représentant, de lui retirer son mandat.

En d'autres termes, je demande qu'un député soit toujours révocable par ses électeurs.

Si cette garantie n'est pas donnée au suffrage universel, nous n'aurons jamais dans les assemblées politiques, qu'une représentation factice.

Reste la question de savoir si, sans agiter trop souvent le pays, ce principe nouveau peut être introduit dans nos institutions, et s'il existe un moyen pratique de le mettre à exécution.

C'est le point que je me propose d'examiner dans ma prochaine lettre.

21 février 1873.

2.

# VII

## Le mandat révocable

Je commence par déclarer, pour éviter toute confusion dans l'esprit de mes lecteurs, que le mandat révocable n'a rien de commun avec le mandat impératif.

Je repousse énergiquement le mandat impératif, tel, du moins, que je l'ai entendu définir dans certaines réunions publiques. Est-ce qu'on sait jamais si les circonstances n'obligeront pas un député à se départir de sa rigueur et à faire, pour sauver le principal, le sacrifice de quelques accessoires? Tel cas peut surgir où un honnête homme se trouvera placé de la façon la plus imprévue entre son serment et le salut du pays. Supposez que les députés de la gauche actuelle aient tous reçu, lors de leur élection, le mandat impératif; comment, lorsque se sont produites les crises qui ont ébranlé la stabilité du gouvernement, auraient-ils pu voter les ordres du jour favorables à M. Thiers? Ils n'ont sauvé le pays de la guerre civile et de l'anarchie, qu'en faisant patriotiquement abandon d'une partie de leur programme. Probes comme ils le sont tous, un serment fait à leurs électeurs les eût paralysés. Non, pas de mandat impératif!

Rédigeons des cahiers, formulons des programmes, entendons-nous avec nos candidats sur les principes généraux, sur les vues d'ensemble; mais laissons à chacun d'eux sa liberté d'action; ne leur lions pas imprudemment les mains.

D'ailleurs, quelles garanties sérieuses offre ce mandat étroit, circonscrit, exclusif, absolu dans les termes? L'électeur a-t-il entre les mains un moyen quelconque de forcer le renégat politique à respecter la foi jurée? Si, après avoir « tourné casaque, » le député envoie promener ses électeurs, que fera-t-on? On l'appellera misérable, hypocrite, intrigant, je le veux bien; mais après?

Une seule mesure peut mettre le corps électoral à l'abri de ces vilaines surprises : c'est l'introduction, dans la loi, du principe de la révocabilité. On ne peut nier que ce principe ne soit bon. En théorie, personne ne le conteste. Reste la question de savoir comment on le mettra en pratique.

Eh bien! le moyen est très-simple.

De quelle façon procède-t-on pour les élections? Généralement — surtout lorsqu'il s'agit d'un scrutin de liste, attendu qu'il est impossible que *tous* les candidats soient personnellement connus de *tous* les électeurs, — on constitue des comités. Ces comités, formés pour l'ordinaire de délégués appartenant aux diverses classes de la société, interrogent les candidats, reçoivent leurs déclarations et composent la liste.

Seulement, quelque chose manque presque toujours à ces comités spéciaux : l'autorité que donne l'élection. Beaucoup ne relèvent que d'eux-mêmes. Je voudrais qu'ils fussent composés de délégués choisis directement par leurs concitoyens, — un par canton, je suppose. Cette délégation départementale aurait alors mission *régulière* d'examiner les candidats et de dresser une liste. Il va sans dire que la liste ainsi formée ne serait obligatoire pour personne ; chaque électeur resterait libre, comme aujourd'hui, de la modifier suivant sa fantaisie, et même de n'en rien accepter du tout. Mais au moins, par cela seul que le comité départemental aurait *épluché* (qu'on me passe le mot) toutes les candidatures proposées, on aurait une base sérieuse pour arrêter son choix.

Il me semble que la loi électorale pourrait très-bien, sans porter atteinte à la liberté, à la dignité, à la souveraineté du suffrage universel, reconnaître aux comités dont je parle, une existence légale. On leur concéderait le droit de se réunir une fois l'an, s'ils le jugeaient convenable, après la clôture des sessions législatives.

Je suppose maintenant qu'un député, élu sur la foi de ses déclarations, soit complétement sorti de l'esprit et de la lettre de son mandat ; le comité se rassemblerait, appellerait le représentant infidèle, entendrait ses explications, et déciderait de la suite à donner au conflit. C'est au comité, ainsi édifié, qu'il appartiendrait de se prononcer *pour* ou *contre* la révocation. Au cas où le député ne se présenterait pas, on délibérerait sans lui.

Je veux donc que tout député relève directement du comité dont *il aura accepté* le patronage.

Si, après mûr examen, le comité départemental juge que le représentant, jadis patronné par lui, ne mérite plus sa confiance, il lui en donne avis et l'engage à donner sa démission. Je dis qu'alors le député doit obéir. Cependant, il peut arriver qu'il refuse. Dans ce cas, le comité informe directement le président de l'Assemblée nationale, par lettre signée de tous les membres composant le bureau, que M. X... ou M. Z... cesse de faire partie de la représentation nationale, en tant qu'élu par le département de...

Or, c'est ce pouvoir accordé aux comités *régulièrement constitués*, qu'il faut inscrire dans la loi. Je l'ai dit, jusqu'à présent on a pris une foule de précautions contre les électeurs, jamais on n'a eu l'idée d'en prendre contre les élus ; cette lacune regrettable doit disparaître.

Est-ce à dire que je veuille mettre le député à

la merci du premier mécontent venu, qui cher-
chera l'occasion de soulever une querelle? Non
pas! Tout en réclamant des garanties contre
une défection possible, je reconnais hautement
qu'un élu du suffrage universel ne peut être
complétement abandonné au caprice de quelques
personnalités remuantes ou ambitieuses. Le
mandat de représentant du peuple est trop
élevé, pour qu'on ne l'entoure pas de tout le
respect dû à son origine. Aussi, je n'admettrais
pas qu'on pût révoquer un député pour un vote
isolé, par exemple ; c'est son attitude générale,
sa présence dans tels ou tels groupes de la
Chambre, la signification non équivoque de ses
discours, sa conduite dans les commissions,
l'ensemble de ses votes qui, seuls, pourraient
déterminer la révocation. Encore voudrais-je,—
attendu que les comités départementaux pro-
nonceraient sans appel, — qu'il fallût une majorité des deux tiers ou même des trois quarts des
voix, pour que la déchéance fût prononcée.

Du reste, le représentant révoqué ne demeu-
rerait pas absolument sans recours. La décision du comité n'aurait d'autre effet, en somme,
que de porter le débat devant le juge souverain ;
il resterait au destitué la ressource de se représenter aux électeurs, et si les électeurs trou-
vaient que le comité a eu tort, ils renomme-
raient le député injustement frappé. Cette perspective d'une réélection suffirait à elle seule

pour rendre les comités circonspects ; nous n'aurions donc pas à craindre qu'ils fissent abus de leur prérogative.

Je ne puis, faute d'espace, qu'expliquer très-sommairement ma pensée. Pour l'exposer avec détail, il me faudrait entrer dans des développements que ne comporte pas le cadre de ces lettres; mais le peu que j'ai dit suffira, je l'espère, pour faire comprendre la voie dans laquelle je voudrais qu'en entrât, si l'on touche à la loi électorale.

— Tout cela est bel et bien, allez-vous me dire; mais en attendant?.....

— En attendant, chers lecteurs, faites comme si la loi vous donnait le pouvoir que je demande. Quand un candidat acceptera le patronage d'un de vos comités, exigez de lui qu'il prenne l'engagement d'*accepter* sa démission.... si plus tard vous jugez nécessaire de la lui envoyer. Quand cette bonne habitude se sera généralisée, vous pouvez être sûrs que la loi s'en emparera pour la réglementer. C'est à nous, simples citoyens, qu'il appartient de prendre l'initiative des réformes qui peuvent nous être profitables. — Est-ce que ce n'est pas un peu votre avis ?

28 février 1873.

# VIII

## La France marche

J'ose avouer — dût-on m'accuser d'indifférence et de froideur politique — que je ne me suis pas préoccupé outre mesure du grand débat qui vient d'avoir lieu à Versailles. J'avais bien lu, dans les journaux de la semaine dernière, que le rapport de M. de Broglie allait tout remettre en question, que le discours de M. Dufaure déchirait officiellement le peu qui restait encore du Message, et que le silence obstiné de M. Thiers, pendant les premiers jours de la discussion, ressemblait fort à une reculade : — rien de tout cela n'avait pu m'émouvoir.

La raison de ce calme de mon esprit est très-simple, et je puis vous la dire : dans ma conviction, il n'est pas plus au pouvoir de M. de Broglie, de M. Dufaure, ou de M. Thiers lui-même, de renverser actuellement la République, qu'il n'est en la puissance des d'Audiffret-Pasquier, des Raoul Duval, des Baragnon, des Belcastel, de rétablir la monarchie. Il y a, sachons-le bien, une logique des choses contre laquelle échoueront toujours les intrigues et les subtilités des partis. Pas plus qu'on ne forcerait un fleuve à remonter vers sa source, on ne peut arrêter la marche régulière des événements. La République est aujourd'hui tellement nécessaire, elle s'impose à nous d'une façon si impérieuse, en même temps si naturelle; elle est, si je puis m'exprimer ainsi, une conséquence si inexorable de la situation, qu'il ne me semble pas que nous ayons à nous inquiéter beaucoup des tentatives impuissantes de la droite.

Je sais bien qu'il faut tenir compte de la sottise humaine; il y a toujours, dans les affaires de ce monde, une part réservée à la liberté. On peut, malgré l'évidence, tenter de résister. Mais à quoi **cela** conduirait-il ? A un **échec honteux.** La monarchie est morte, bien morte. Vainement on essaierait de galvaniser ce cadavre; vainement, se raidissant contre la fatalité qui les étreint, les royalistes s'obstineraient à relever le trône, l'écroulement ne se ferait pas attendre. Avant deux ans le nouveau monarque se retirerait de lui-même, comme Amédée, roi d'Espagne ; — dans le cas contraire, un souffle l'emporterait.

Il faut bien que messieurs les monarchistes se le disent : nous sommes las des aventures, et nous ne voulons pas courir les risques de commotions nouvelles. Assez de bouleversements comme cela ! La France est avide de stabilité. Qui donc aujourd'hui serait assez fou, assez aveugle, assez ennemi de son repos, pour consentir à restaurer, au profit de quelques ducs affamés de gros traitements, un régime que l'on saurait d'avance condamné à ne vivre... que ce que vivent les roses ?

Ah ! je sais bien qu'on objectera (M. Thiers l'a insinué lui-même) que les Républiques ne sont pas, en France, plus définitives que les monarchies. Nous pourrions répondre que si nos deux premières Républiques sont mortes, c'est uniquement parce que les hommes à qui, sur la foi du serment, nous en avions confié la garde, les ont trahies l'une après l'autre, et lâchement assassinées. Mais il y a autre chose à dire.

Supposons qu'un coup de force ou une machination parlementaire ramène, dans un temps plus ou moins rapproché, sur le trône de France, un des trois prétendants qui guettent sournoisement dans l'ombre l'occasion de se montrer, et qu'après cinq ou six ans d'expérience — je veux bien aller jusque-là, — on s'aperçoive que ce prétendu sauveur est un homme dangereux ou simplement un homme incapable ; voulez-vous me dire quel moyen nous aurions de nous débarrasser de lui ? Je n'en connais qu'un : la Révolution !

Convenez-en avec moi, cette perspective n'a rien de très-rassurant.

Avec la République, nous avons au moins la

possibilité (il est vrai que la Chambre actuelle, dont le mandat n'a pas été limité, fait exception), nous avons, dis-je, la possibilité de remplacer sans secousse, sans émeute, sans trouble d'aucune sorte, les mauvais administrateurs. Le pouvoir n'étant délégué que pour un temps, si le mandataire gère mal, on ne le renomme plus et tout est dit. Il n'est pas, pour cela, besoin de descendre dans la rue, de dresser des barricades et de tirer des coups de fusil. Tous les États républicains se trouvent admirablement de ce régime ; il en sera de même chez nous.

Quoi qu'on prétende, je soutiens, moi, qu'il vaut mieux conserver la liberté de ses allures que de se lier sottement les mains. N'aliénons pas l'avenir, ne nous engageons pas, ne nous livrons pas ; gardons, comme le plus précieux des biens, le droit souverain de ne placer à notre tête que des hommes choisis par nous, nous inspirant confiance et ne pouvant jamais rien entreprendre de sérieux — une guerre, par exemple, — sans nous demander avis ; et surtout, n'accordons le pouvoir que pour un temps déterminé, de façon à rester toujours maîtres absolus de nos destinées.

Ce qui fait l'instabilité des monarchies, c'est qu'il faut de toute nécessité, pour se débarrasser de l'homme, du souverain, recourir à la violence ; ce qui assure la stabilité d'une République, c'est que, sans renverser la République, on peut changer le personnel gouvernemental.

Le pays sait cela, — et voilà pourquoi il est républicain.

J'ai l'air de m'être égaré dans une digression ; il n'en est rien. J'ai résumé, aussi brièvement que possible, la situation actuelle de la France, telle qu'elle ressort de la discussion du projet enfantin de la Commission des Trente. Les efforts incontestables de cette Commission pour nous ramener en arrière, et ceux de M. Thiers pour maintenir le *statu quo,* ont, en somme, abouti à faire rejeter les rêves monarchiques des entêtés de la droite, dans le domaine de la fantaisie et des abstractions.

Quant à nous, républicains, nous avons conquis trois points importants :

1° La consolidation, bon gré mal gré, du gouvernement *qui existe,* c'est-à-dire de la République ;

2° La libération très-prochaine du territoire ;

3ᶜ La dissolution probable, avant la fin de l'année, de l'Assemblée de Versailles.

Que pouvions-nous souhaiter de plus ?

Sans doute on va nous faire une assez piètre République. Mais qu'importe ? La plus mauvaise République vaut encore mieux que la meilleure des monarchies. Une République s'améliore progressivement par le libre jeu de ses institutions. C'est l'affaire du suffrage universel

qui peut, à son gré, changer le système en chan-
geant les hommes.

7 mars 1873.

# IX

## Les Deux Chambres

Désespérant enfin de rétablir la monarchie,
les habiles de la faction des ducs daignent nous
informer qu'ils acceptent la République, — sauf
à tirer plus tard de ce mode de gouvernement
« le meilleur parti possible. »

C'est du moins ce qu'un *naïf* député de la
droite — un indiscret, pour le moins, — est venu
déclarer publiquement à la tribune.

Disons le nom de ce droitier bon enfant : il
s'appelle Antonin Lefèvre-Pontalis.

Nous devinons, sans qu'il soit besoin de nous
mettre les points sur les *i*, ce que signifie cette
phrase : *tirer de la République tout le parti
possible.* Cela veut dire qu'on la « monarchisera »,
selon la belle expression de M. Louis Blanc, autant que les circonstances permettront de le
faire.

De bonnes institutions monarchiques, rien ne

vaut comme, cela pour compromettre une République.

Et pour commencer, on nous octroiera une seconde Chambre.

Ah! la seconde Chambre! Vous savez quelle puissance on compte lui donner?

Ce ne sera plus le Sénat conservateur du premier et du second empire; ce ne sera plus même la Chambre *modératrice* des anciens pairs de France; — ce sera la Chambre *de résistance.*

Tout le secret de la combinaison est dans ce seul mot.

Et on l'avoue sans le moindre scrupule, — tout net, carrément.

Cela vaut mieux, somme toute, qu'une hypocrite promesse: au moins, nous savons à quoi nous en tenir.

Donc, électeurs républicains mes amis, non-seulement, après la dissolution de l'Assemblée nationale actuelle, dont les heures sont maintenant comptées, vous aurez à nommer des hommes chargés de réaliser *en votre nom* l'idéal politique que vous rêvez; mais après — à moins que ce ne soit avant — vous devrez choisir, en nombre moindre, des personnages de haute position sociale (monarchistes, cela va sans dire), qui auront pour mission particulière de contrecarrer la volonté de vos députés.

Voilà le projet!

J'ajoute, si les bruits qui circulent à cet égard

sont exacts, que cette seconde Chambre serait investie du droit de dissoudre la première.

Et il s'est trouvé 381 voix monarchiques pour voter cette machine de guerre, pour accepter cette combinaison hybride, grosse de conflits et de futures batailles parlementaires.

On voit d'ici ce que sera la situation : la Chambre la moins nombreuse, celle dont les membres n'auront pu être choisis que dans une certaine classe d'éligibles, pour laquelle, par conséquent, le choix aura été moins libre — étant plus limité, — aura le pouvoir exorbitant de « résister » aux volontés, aux résolutions, aux décrets de l'autre Chambre, c'est-à-dire de celle qui renfermera le nombre le plus considérable de représentants du peuple, et aura été élue dans des conditions de liberté infiniment meilleures !

En d'autres termes, le suffrage universel entrera en lutte avec le suffrage universel.

— Moi, dira le député, j'ai été chargé par mes électeurs de voter la loi sur la gratuité et la laïcité de l'instruction.

— Moi, répliquera le membre de la Chambre haute, j'ai reçu mission des miens (qui sont identiquement les mêmes que les vôtres), d'empêcher que vous entriez dans cette voie révolutionnaire et subversive.

Sur toutes les questions importantes, de semblables conflits naîtront inévitablement.

Du reste, pour juger le principe de l'institution d'une seconde Chambre, il suffit de savoir qui l'appuie et qui s'y oppose. Ceux qui s'y opposent, sont les républicains; ceux qui l'appuient, sont les monarchistes. Nous voilà édifiés.

On m'objectera peut-être que M. Thiers tient beaucoup à sa Chambre de *résistance*. Eh! oui, mais M. Thiers n'est pas républicain. M. Thiers, par patriotisme, parce qu'il comprend qu'une dernière restauration monarchique précipiterait la France au bord, peut-être au fond de l'abîme, accepte la République. Il y voit, à juste raison, notre seul moyen de salut; mais ses préférences sont pour la monarchie constitutionnelle. C'est son type, l'idéal politique de toute sa vie. Dès lors nous nous expliquons son obstination. Sur une foule de points, l'honorable président de la République a conservé ses idées de 1840; témoin la loi sur l'armée. Le service obligatoire ne lui va pas. En matière d'impôts, de traités de commerce, il est toujours l'homme le plus réactionnaire de ce temps-ci. La différence qui le distingue des droitiers de l'Assemblée nationale, c'est qu'il est de bonne foi, et que les ducs n'ignorent pas qu'en instituant une seconde Chambre, ils se préparent un excellent moyen d'embarrasser la marche future de la République et de lui créer de nouvelles et très-graves difficultés:

Mais pour être loyale, l'erreur de M. Thiers n'en est pas moins une erreur.

Avec une seconde Chambre dont la composition se devine d'avance, et une loi électorale bien remaniée, on peut encore tirer bon parti de la République. M. Lefèvre-Pontalis l'a compris, M. de Broglie aussi. Et voilà pourquoi ces messieurs ne désespèrent pas de l'avenir.

11 mars 1873.

X

### Les mécomptes de la droite

J'estime, quoi qu'on en dise dans le camp républicain, que l'Assemblée nationale a fortement contribué à la prompte libération du territoire. Sans doute elle ignorait ce qui se passait, elle ne savait rien des négociations entamées par M. Thiers, la nouvelle du traité est venue fondre sur elle comme un coup de foudre, et le parti des ducs s'est senti profondément atterré ; — mais cela ne prouve pas que la droite monarchique soit demeurée tout à fait étrangère à la conclusion favorable des derniers arrangements.

Soyons justes et reconnaissons bravement, loyalement, ce qui est la vérité.

3.

M. Thiers a seul tenu les fils, il a manœuvré discrètement; — mais pourquoi?

Parce qu'il y avait péril pour le pays.

De son côté, l'empereur Guillaume s'est montré coulant, prêt à toutes les concessions; il a rendu Belfort, malgré l'opposition du parti militaire, très-puissant en Allemagne; — pourquoi? — Parce que son intérêt l'y poussait.

Et cette double nécessité d'en finir, nous la devons à la droite de l'Assemblée. Ce sont ses intrigues, ses *sournoiseries,* ses attaques incessantes contre le président de la République, qui ont poussé M. Thiers à précipiter les choses et déterminé M. de Bismarck à en finir.

Qu'une nouvelle crise ait menacé l'existence de notre gouvernement ; que M. Thiers, à bout de patience, ait été mis dans l'obligation de se retirer, et le règlement du dernier milliard se trouvait compromis.

Malgré les cris de : *Vive le roi!* qui ont retenti, le 17 mars, dans l'enceinte du palais de Versailles, ce n'est ni le comte de Chambord, ni le comte de Paris, ni même le duc d'Aumale qui eussent pu mener à bonne fin l'œuvre difficile de la libération du territoire ; on l'a compris des deux côtés du Rhin. De là cette hâte de régler au plus vite les conditions de l'évacuation.

Nous devons donc aux manœuvres souterraines de la droite, à sa haine de la République, la rapide délivrance de notre sol prostitué.

Qu'elle en soit bénie, et qu'elle reçoive l'expression publique de notre vive reconnaissance.

Ce n'est pas sa faute, j'en conviens : j'avoue même que ses intentions n'allaient pas jusque-là. Mais qu'importe ! Ne soyons pas ingrats.

Remarquez-vous, comme moi, que tout ce que tente cette droite aveuglée par la passion, tourne contre elle ? Chaque fois qu'elle montre le poing, c'est elle qui reçoit le soufflet.

Bonne droite !

Ah ! qui nous eût dit, il y a six mois, que les choses tourneraient de cette façon ! Lors des premières escarmouches, en novembre dernier, nous tremblions tous ; il nous semblait que la terre oscillait sous nos pas ; nous songions avec épouvante à ce qui pourrait arriver si M. Thiers, vaincu, était forcé de déposer ses pouvoirs. Eh bien ! chaque épreuve a été pour nous l'occasion d'un triomphe nouveau, chaque crise nous a fait faire un pas de plus vers la consolidation de la République. Toutes les tentatives des monarchistes ont eu pour conséquence... l'affaiblissement de la monarchie.

Vous verrez qu'il en sera de même jusqu'à la fin.

Le parti des princes a beau soutenir que son œuvre n'est pas achevée et qu'une partie seulement de sa grande tâche est accomplie, la dissolution viendra à son heure : elle viendra quand le dernier soldat prussien aura franchi la frontière. C'est en vain que les soutiens du trône et de l'autel essaieront de se cramponner à leurs siéges de députés, les circonstances seront plus fortes que leur ambition; ils seront emportés.

Ils le sentent, et c'est bien ce qui les désespère.

La libération est leur arrêt de mort.

Il est si clair pour tout le monde — même pour ceux qui ont soutenu le contraire — que l'Assemblée actuelle n'a plus grand temps à vivre, que je me demande quelle valeur pourront avoir les lois votées *in extremis* par cette assemblée agonisante. Peut-elle, affaiblie comme elle l'est aujourd'hui, discréditée dans l'opinion, compromise devant le pays, entreprendre des travaux sérieux? J'ai peine à le croire. Ses décisions manqueront de puissance, parce qu'elles manqueront d'autorité. Il me semble que ce qu'elle aurait de mieux à faire, pour le moment, ce serait d'ajourner toutes les affaires de quelque importance et de confier honnêtement, à l'Assemblée qui lui succédera, le soin de régler l'avenir.

Qu'elle vote le budget, puisque cela est nécessaire; qu'elle expédie en hâte les quelques menues lois d'intérêt local qui peuvent être inscrites à son ordre du jour; qu'elle achève ses travaux commencés, je n'y vois pas d'inconvénient; mais qu'elle n'aille pas au delà. L'honneur, à défaut de la prévoyance, le lui commande.

Ce qu'elle fera, en dehors de l'indispensable, ne comptera pas pour le pays.

D'ici à la fin de septembre, la France a besoin de calme : il faut qu'elle travaille. On ne paye pas un milliard et demi en six mois, surtout quand déjà quatre milliards cinq cents millions ont été, en moins de deux ans, retirés de la circulation commerciale, sans qu'il résulte de ce colossal déplacement de fonds, une longue stagnation des affaires. Nous avons à réparer nos pertes, à faire face aux exigences du trésor. Pour cela, le repos nous est nécessaire.

Non-seulement la sagesse, non-seulement l'honneur conseillent à l'Assemblée de Versailles de ne pas prolonger son existence, mais le patriotisme exige qu'elle se retire après le vote des lois urgentes.

Les lois constitutionnelles elles-mêmes — la loi sur la seconde Chambre et la loi électorale — ont cessé d'être de sa compétence.

21 mars 1873.

## XI

### Ficelles électorales

Les ennemis de la République ne nous dissimulent pas qu'ils ont l'intention de se coaliser en vue des prochaines élections générales. Déjà, au commencement de cette semaine, un journal très-connu pour son bonapartisme, faisait un appel chaleureux à ses confrères monarchiens, les suppliant de se réunir dans une commune entente pour combattre, au nom des principes antérieurs à 1789, l'hydre révolutionnaire.

Mais ces messieurs n'osent pas arborer franchement le drapeau sous lequel ils entendent se ranger *pêle-mêle*.

Ils invoquent l'ordre, ils invoquent la propriété, ils invoquent la religion ; ils se proclament les défenseurs du droit d'hérédité que personne ne menace ; ils se posent en protecteurs de la famille. Et pour compléter le programme, ils agitent fiévreusement au-dessus de nos têtes le spectre rouge, cette vieille loque dont l'empire a tant abusé.

Naturellement, si les « honnêtes gens » ne triomphent pas, nous sommes perdus ; la France sera inévitablement rayée de la carte d'Europe.

Craignant, toutefois, de compromettre par trop de sincérité le succès de leur noble entreprise, ils se gardent avec prudence de développer le programme politique que les élus de leur choix seront chargés de mettre à exécution, si le pouvoir — comme ils l'espèrent bien, — passe en leurs mains.

Un seul sentiment, disent-ils, les anime : le patriotisme. — Qui donc pourrait leur reprocher d'aimer la France ?

Ce n'est pas d'eux qu'il s'agit, c'est du pays.
Sauver le pays du désordre, voilà tout ce qu'ils
demandent; ils n'ont aucune ambition personnelle.

Aussi se donnent-ils à nous comme de modestes « conservateurs libéraux. »

Cela ne veut rien dire, et veut tout dire.

L'organe bonaparteux dont je parlais tout à
l'heure (ces gens-là pensent à tout), donnait
déjà le modèle des affiches qu'on devrait appo-
ser sur tous les murs. C'est d'un laconisme et
d'une simplicité adorables. Pas de vaines professions de foi; pas de ces promesses compro-
mettantes arrachées par l'outrecuidance des
électeurs à la veille du scrutin, et si difficiles
plus tard à bien tenir; pas d'engagements
écrits, qu'un jour ou l'autre on finira par vous
jeter publiquement à la tête : un simple
nom.

Autant que je puis m'en fier à ma mémoire,
voici le *fac-simile* de l'affiche qui serait uinifor-
mément adoptée par tous les comités de la coalition :

M. X....

CONSERVATEUR–LIBÉRAL

Recommandé par le comité de.....

Les membres du comité :

*(Signatures.)*

Quant au candidat, il se tairait.

Les électeurs, munis de leurs cartes, seraient seulement admis à défiler devant lui — à distance. Aucune question ne pourrait lui être adressée.

Est-ce que la France se fera la complice d'une pareille comédie? Sera-t-elle, une fois encore, dupe des mots creux, des épithètes vides de sens?

Tout le monde a le droit de se dire conservateur libéral. Si les républicains ne s'appliquent pas cette appellation, c'est uniquement parce qu'on l'a compromise dans le clan monarchiste.

Nous n'entendons pas, nous autres, rester dans le vague; nous ne nous retranchons pas, et nous ne voulons pas qu'on se retranche plus que nous, derrière des expressions qui prêtent aux compromis, aux malentendus, aux équivoques.

M. Changarnier, qui voulait renverser M. Thiers pour lui succéder, est un conservateur-libéral.

Le noble duc de Broglie est un conservateur-libéral.

Le curé Santa-Cruz, qui entretient la guerre civile en Espagne, fait dérailler les trains de chemins de fer, pille les voyageurs, détrousse les passants, fusille les femmes, est aussi un conservateur-libéral.

Il est vraiment trop commode de prendre pour étiquette un mot à triple ou quadruple sens, afin de s'éviter toute espèce d'explication, et rester maître de l'interpréter, plus tard, au gré de ses passions et de ses rancunes.

Heureusement nous avons l'œil ouvert. Nous sommes prévenus à temps de ce qui se trame; cela suffit.

Déjà, dans l'Aube, cette manœuvre a été tentée à l'occasion de la dernière élection au Conseil d'arrondissement, et grâce à la perspicacité des électeurs, elle a échoué. Espérons qu'il en sera de même partout.

Il faut que les comités républicains qui vont bientôt s'organiser dans toute la France, se préoccupent avec un soin scrupuleux du passé politique des hommes qu'ils admettront à l'honneur de les représenter. On ne saurait être, sous ce rapport, trop sévère. Nous vivons en un temps où l'hypocrisie politique est considérée comme de l'habileté; c'est monstrueux. De pareilles mœurs ne peuvent que dépraver une nation. Au spectacle de ces palinodies, de ces défaillances, de ces trahisons, le sens moral ne tarde pas à s'atrophier. Nous voulons la probité en politique, comme en toutes choses.

Si vous êtes monarchistes, dites-le hardiment; on vous nommera ou on ne vous nommera pas, mais on aura agi en pleine connaissance de cause. Je trouve honteux que vous veniez vous glisser sournoisement, sous un nom d'emprunt, dans un camp qui n'est pas le vôtre, et que vous abusiez de la confiance que votre déguisement avait inspirée, pour faire, une fois nommés, le contraire de ce qu'on attendait de vous.

Vous, des *conservateurs*, ô légitimistes ! Vous, des *libéraux*, ô bonapartistes !... Allons donc !

Si vous étiez jamais les maîtres, votre premier soin serait de renverser la République, gouvernement légal du pays, gouvernement *essentiellement conservateur* qui a réparé les désastres causés par la monarchie et délivré le territoire de la présence de l'étranger. Cela fait, vous n'auriez rien de plus pressé que de supprimer, une à une, sous prétexte d'ordre public, toutes les libertés conquises au prix de trois révolutions successives — depuis la liberté de la presse jusqu'à la liberté du vote !

Voilà comment vous êtes des libéraux et des conservateurs.

La mèche, par bonheur, est éventée. Malgré son étiquette inoffensive, nous savons ce que renferme votre sac.

Le pays ne sera pas dupe, — tenez-vous-le pour dit.

28 mars 1873.

# XII

## Commencement des hostilités. — Renversement de M. Grévy

Les « hommes d'ordre » ont juré de ne pas laisser au pays un seul jour de calme et de tranquillité ; — ils tiennent parole.

Jamais situation pareille à la nôtre ne s'était vue.

Pendant que les journaux du trône et de l'autel menacent de proscription les défenseurs de la République, qu'ils appellent les ennemis de l'intérieur, les organes de la *clique bonapartaille* nous préviennent audacieusement que la libération du territoire sonnera l'heure du grand combat, et que le jour même où le dernier Prussien franchira la frontière, Napoléon IV fera son entrée triomphale en France !

Mais pour que le trône soit relevé au profit de l'un ou l'autre des prétendants, il faut que le gouvernement de M. Thiers soit renversé, que tous les postes administratifs, depuis la première des préfectures jusqu'à la plus humble mairie de village, soient occupés par des hommes dévoués, et que les pouvoirs de l'Assemblée actuelle soient prorogés.

Pour atteindre ce triple résultat, aucun effort n'est négligé.

Les légitimistes, les orléanistes, les bonapartistes se coalisent, malgré le mépris souverain qu'ils ressentent les uns pour les autres. Et les voilà qui, se soutenant mutuellement, entrent en campagne.

Il y a huit jours, la droite de l'Assemblée essayait, pour la troisième fois, de jeter M. Thiers à la porte. J'assistais à la séance, je puis vous assurer qu'il ne s'en est pas fallu de beaucoup. Sans le secours de l'extrême gauche qui, malgré ses légitimes griefs et malgré certaines allusions blessantes de M. Dufaure, a soutenu le gouvernement de son vote, c'était fait.

Mardi dernier, autre manœuvre : la coalition à propos d'un mot fort inoffensif, — le mot *bagage*, prononcé par un orateur de la gauche, — la coalition, dis-je, s'est attaquée à M. Grévy qu'elle cherchait, depuis longtemps, à précipiter du fauteuil pour y faire asseoir M. d'Audiffret-Pasquier ou M. Saint-Marc-Girardin.

L'affaire n'a pas complétement réussi; ni Saint-Marc-Girardin, ni le duc d'Audiffret n'étaient possibles... on s'est rabattu sur M. Buffet, ex-ministre de l'empire !

A l'heure où j'écris, l'Assemblée vote; on espère que M. Martel sera élu. — Mais la droite aura du moins cette satisfaction de s'être débarrassée de M. Grévy.

Nous comprenons quel beau jeu aurait le parti dit des « honnêtes gens » si les deux présidents — M. Thiers et M. Grévy — étaient à la fois mis de côté. Le coup d'État ne se ferait pas longtemps attendre.

Donc, guerre acharnée au gouvernement ! guerre aux fonctionnaires républicains ! guerre à tous ceux qui occupent les postes officiels dont on peut avoir besoin ! — Voilà le plan de campagne.

Mais, direz-vous, cela conduit fatalement au plus épouvantable des cataclysmes ? C'est vrai ; mais qu'importe à ces messieurs ! Ne sont-ils pas le GRAND PARTI DE L'ORDRE ? Est-ce que les carlistes d'Espagne regardent au mal qu'ils font ? Ils pillent, ils volent, ils assassinent.... Inclinez-vous, c'est pour la bonne cause ! M. Carayon-Latour, un des purs de la droite versaillaise, souscrit pour que les soudards du curé Santa-Cruz ne manquent pas de munitions. Vous voyez que les attentats les plus odieux, les calamités les plus redoutables ne sont pas choses qui puissent arrêter un monarchiste, quand il s'agit de restaurer le trône de son prince de prédilection. C'est pourquoi les conspirateurs de l'Assemblée ne reculeront devant rien pour s'emparer du gouvernement avant l'époque fixée pour l'expiration de leurs pouvoirs.

Est-ce que M. Thiers n'ouvrira pas enfin le

yeux? Quels sont les députés qui le harcellent aujourd'hui? Quels sont ceux qui, malgré ses concessions beaucoup trop nombreuses, s'efforcent à tout prix de le renverser, lui et son ministère? Se figure-t-il, par hasard, que les hommes qui l'ont combattu dans la Commission des Trente, se rallieront jamais à sa politique conservatrice? Une pareille illusion n'est plus admissible. Au point où en sont les choses, M. le président de la République n'a plus le droit de se tromper, — fût-ce involontairement.

Sous prétexte de ne favoriser aucun parti, l'honorable chef de l'État fait mine de pencher tantôt d'un côté, tantôt de l'autre; en réalité, il penche toujours à droite. Et lorsqu'une crise se déclare, c'est la gauche qui le sauve, — la gauche sans cesse abandonnée, sans cesse sacrifiée!

Eh bien! j'ose dire que M. Thiers, en agissant de la sorte, non-seulement a compromis sa popularité et affaibli son pouvoir, mais encore a négligé la tâche essentielle qu'il était chargé de remplir.

Aux termes du pacte de Bordeaux, si souvent invoqué, le gouvernement avait pour mission de faire ce qu'on a appelé avec quelque emphase, « l'essai loyal de la République. » Je demande si c'est en donnant les places aux monarchistes, en écartant systématiquement les républicains des postes influents; si c'est en affaiblissant les municipalités au profit de la toute-puissance préfectorale ; si c'est, enfin, en tournant sans cesse le dos à la gauche pour combler la droite de faveurs et de sourires, qu'on fait l'essai loyal d'un gouvernement républicain.

Penchez-vous donc un peu sur les urnes, monsieur Thiers, et voyez, aux heures solennelles, si les gens à qui vous faites tant de sacrifices douloureux vous en savent le moindre gré. Ils se servent de la force que vous leur donnez pour se retourner contre vous. Les de Broglie, les d'Audiffret-Pasquier, les Buffet, votent avec les Belcastel, les Rouher, les Galloni-d'Istria, pour vous renverser misérablement. Et qui vous sauve ? les républicains, ceux dont, trop souvent, vous dédaignez l'alliance loyale et l'appui désintéressé.

Au moment où nous sommes, toute fausse manœuvre susciterait des dangers publics dont l'esprit se refuse à mesurer la profondeur.

Nous approchons de la crise suprême. Appuyez-vous franchement sur vos soutiens naturels, faites-vous une majorité républicaine — vous l'aurez !

Et surtout, pour éviter au pays les douloureux ébranlements dont il est menacé, tenez ferme pour la dissolution. Là est le grand remède.

Mais M. Thiers n'écoutera pas cette voix de

la prudence ; le nouveau pas qu'il vient de faire
vers la droite, en accordant — par simple déférence pour la commission — la suppression de
la mairie centrale de Lyon, ne peut être pour
nous que d'un triste présage.

O République ! que tes commencements sont
rendus difficiles !...

4 avril 1873.

## XIII

### M. Thiers comprendra-t-il ?

« M. Thiers se montre fort irrité de la défection du centre droit », me disait, il y a deux
jours, un député de la gauche républicaine.

— Tant mieux ! repris-je, si cela peut enfin
lui ouvrir les yeux.

— N'y comptez pas, poursuivit le député,
M. Thiers a contre nous des préventions dont
il ne reviendra jamais. Nous sommes des républicains de principes, cela l'épouvante ; son idéal
consiste à doter la France d'institutions monarchiques sous le couvert de la République.
L'homme qui a dit : « Le roi règne et ne gou-

verne pas », peut se passer du roi; mais il ne se
détachera jamais des institutions qui sont l'essence même de la monarchie constitutionnelle.

Plus j'y réfléchis et plus cette appréciation du
caractère et de la conduite de M. le président de
la République me paraît juste et vraie. Mais les
conséquences d'une pareille attitude ne sont pas
sans danger.

Favorisée par les complaisances du chef de
l'État, la réaction a fait, depuis six mois, des
progrès considérables. A l'heure où nous sommes, le « gouvernement de combat, » annoncé
par M. de Broglie, prend ses positions. Dans
quelques mois, les derniers obstacles qui sépa-
rent les monarchistes du pouvoir suprême, seront écartés.

Il ne faut pas nous le dissimuler, la République est menacée, gravement menacée. Je n'entends pas dire que M. Thiers ait volontairement
créé, pour la France, cette situation périlleuse.
Non. Il a cru pouvoir ramener à lui ses amis
politiques d'autrefois; il s'est bercé de l'espoir
que les diverses fractions du parti de l'ordre,
faisant momentanément abstraction de toute vi-
sée ambitieuse, se grouperaient autour de lui et
l'aideraient dans l'œuvre patriotique à laquelle
il avait résolu de consacrer ses derniers jours;
c'est là sa faute. On ne peut, si l'on veut être
impartial, que l'accuser d'inconséquence.

Tout le monde, même la fraction radicale de l'Assemblée, eût accepté de bon cœur sa République *conservatrice*, si elle eût été quelque peu la République. Mais nous sommes loin aujourd'hui des espérances que faisait concevoir le Message, et devant les sourdes menées des entrepreneurs de restauration monarchique, quand nous voyons le chef de l'Etat abandonner peu à peu son propre programme, nous avons le droit de nous inquiéter. L'épithète de « conservatrice » ne nous suffit plus, puisqu'elle peut couvrir un équivoque ; nous demandons à M. Thiers la République..... *républicaine.*

A quoi servent donc les avertissements donnés par le pays? Est-ce que, chaque fois que l'occasion lui en est offerte, il ne proteste pas par ses votes, par ses adresses multipliées, contre les prétentions de la droite ? Est-ce qu'il n'a pas manifesté clairement, sous toutes les formes, par voie de pétition même, ses préférences pour la forme républicaine ? Est-ce qu'il n'a pas exprimé sa ferme volonté de rentrer, le plus promptement possible, en possession de sa souveraineté? Et n'est-ce pas, aujourd'hui, le devoir du gouvernement, d'en appeler au suffrage universel?

M. Thiers, par la façon merveilleuse dont il a conduit l'œuvre de la libération du territoire, s'était attiré la sympathie de tous; sa popularité, un instant affaiblie à la suite de quelques

défaillances regrettables, semblait se relever ;
mais voici qu'il prête la main aux coups de force
de la droite, il cède sur la question lyonnaise,
il porte la main sur les franchises municipales
de la seconde ville de France, — et l'explosion
de reconnaissance qui s'élevait vers lui, s'arrête
presque subitement.

Le pays est pris de peur, il ne sait plus où il
va. L'arrogance des partis lui donne à craindre que la situation précaire dans laquelle il vit
depuis si longtemps, ne se prolonge. Le nouveau président de l'Assemblée parle d'une tâche
nouvelle à poursuivre, de travaux importants
et difficiles à accomplir ; tout cela n'est pas
rassurant.

M. Thiers, s'il le veut, peut encore sauver la
situation. Mais le voudra-t-il ? Toute la question est là.

On parle d'un Message qu'il présenterait à
l'Assemblée après les vacances de Pâques ;
c'est ce Message qui décidera de l'avenir du
pays. Que, bravement, énergiquement, M. le
président de la République se prononce pour
la dissolution dans un délai aussi court que
possible ; qu'il fasse, du vote de cette proposition, une question de gouvernement, — comme
il n'a pas craint d'en faire une de la question
du prince Napoléon, — et la France, délivrée
de toute inquiétude, libre des soucis de l'avenir,
l'acclamera de nouveau.

Il aura, une fois de plus, « bien mérité de la Patrie. »

Nous pouvons affirmer que, sur ce terrain, M. Thiers, redevenu véritablement l'homme énergique que nous avons plus d'une fois admiré, trouvera pour l'appuyer, dans la Chambre même, une majorité considérable. Il ralliera, sans qu'il lui en coûte le moindre effort, l'Union républicaine, la gauche, le centre-gauche et quelques enfants perdus de la droite qui, en cette extrémité, y regarderont à deux fois avant de voter contre lui.

Oserez-vous cela, monsieur Thiers ? dites, l'oserez-vous ?

Vous avez beaucoup fait, je le reconnais ; peu d'hommes, à votre place, eussent avec autant d'habileté, manœuvré au milieu des écueils qui battaient en brèche votre gouvernement ; mais n'allez pas échouer au port !

« Quand il y a dix pas à faire, dit un adage chinois, le neuvième n'est que celui du milieu. »

Daignez, monsieur Thiers, méditer cette parole profonde.

11 avril 1873.

# XIV

## L'élection de Paris. — Barodet et Rémusat

La grosse affaire du moment, c'est toujours l'élection du 27 avril.

Celle de Paris, par suite de circonstances que tout le monde connaît et dont il est facile d'apprécier le caractère exceptionnel, a pris tout à coup les proportions d'un grand événement. On dirait qu'il s'agit, non d'une lutte, mais d'une bataille.

C'est que Paris n'est pas seulement une ville de premier ordre. Paris, malgré les dédains de l'Assemblée de Versailles, est restée la capitale du monde, le cœur et la tête de la France. Ce que fait Paris intéresse la nation tout entière. Il n'est pas une cause juste, pas un intérêt méconnu, que Paris ne défende. C'est notre rôle, à nous autres, de prendre fait et cause pour les persécutés.

Voilà pourquoi, dans le grand scrutin du 27, le vote que nous exprimerons pèsera d'un poids considérable sur les destinées du pays.

Ceux qui ont calomnié la Cité généreuse, qui l'ont humiliée, ravalée, abaissée, qui ont essayé

4.

de la faire descendre du rang qu'elle occupe, s'inquiètent aujourd'hui du verdict qu'elle va rendre : ils sentent que là, plus encore que partout ailleurs, c'est la France qui parle.

Les feuilles officieuses s'efforcent de démontrer que le succès de la candidature Barodet serait un grave échec pour M. Thiers et son gouvernement. On ne saurait être plus maladroit. Si l'élection de l'ancien maire de Lyon devient, pour M. Thiers, un échec personnel, c'est qu'il aura plu aux amis de M. le président de la République de lui donner ce caractère. Personne, avant eux, n'avait eu l'idée de l'interpréter de la sorte.

Il faut que ceux qui, de loin, assistent à nos débats ; il faut que nos amis des départements, — que regarde tout autant que nous la manière dont nous allons voter, — sachent bien dans quels termes, en réalité, se pose la question.

Nul au monde ne songe à affaiblir le gouvernement. Loin de là, ceux qui soutiennent M. Barodet, comme ceux qui plaident pour M. de Rémusat, sont d'accord sur ce point principal, qu'il faut à tout prix consolider M. Thiers, l'armer plus fortement que jamais contre la droite.

Il eût donc été politique, dans un parti comme dans l'autre, de bien établir ce fait important et de mettre en pleine lumière cette énergique, loyale et sincère volonté que nous avons tous d'accroître, par l'élection du 27 avril, la force morale dont a besoin M. le président de la République.

Et non-seulement il eût été politique d'agir ainsi, mais on fût resté dans le vrai. Je suis convaincu pour ma part, que les partisans de M. Barodet aussi bien que ceux de M. Rémusat, partent tous de la même intention honnête. La question est de savoir lesquels se trompent.

Si les « officieux » n'avaient pas commis la faute de proclamer que voter contre M. de Rémusat, c'est voter contre M. Thiers, personne ne se fût trompé. A des degrés différents, M. Thiers, quel que fût le résultat de l'élection, eût remporté une victoire. C'était un républicain qu'on envoyait à la Chambre.

Mais puisque la question se trouve posée différemment, examinons-la telle qu'elle se présente à nous.

Personne ne voulant ébranler le pouvoir de M. Thiers, il s'agit de savoir laquelle des deux candidatures — celle de M. de Rémusat ou celle de M. Barodet — est la plus propre à atteindre le résultat demandé.

Il semble, au premier abord, que ce soit celle du ministre des affaires étrangères. La meilleure façon de prouver au gouvernement qu'on a confiance en lui, c'est évidemment de donner la préférence à l'homme de son choix. Cela paraît si clair, qu'on est tenté de n'en pas demander davantage, et d'aller voter, sans plus de ré-flexion, pour le candidat officiel.

Ah! s'il s'agissait de renforcer M. Thiers contre les attaques imprudentes de la gauche, je comprendrais ce raisonnement. Mais où siégent, à l'Assemblée, les ennemis du gouvernement actuel? Ils siégent à droite. C'est donc spécialement contre les monarchistes qu'il s'agit de donner du renfort au président de la République. Or, ce renfort, M. de Rémusat peut-il le lui apporter? Non. Songez que M. de Rémusat fait justement partie de ce cabinet qui faiblit dans les grandes occasions. Son élection pourrait signifier que le gouvernement est absous de ses innombrables concessions à la droite, qu'il est amnistié de ses faiblesses, qu'il a bien fait de supprimer les franchises municipales de la ville de Lyon, qu'il fera bien de persister dans sa politique d'équivoques et de compromis, qu'il a raison de vouloir charger l'Assemblée actuelle d'organiser elle-même la République, que la dissolution (dont ne parle pas M. de Rémusat) n'est pas pressée, etc...

Est-ce de cette façon-là, je le demande, qu'on prémunira M. Thiers contre les exigences du parti des ducs? Est-ce ainsi qu'on lui fournira des arguments nouveaux pour résister à la pression que veulent exercer sur lui les monarchistes *à outrance?*

Supposez, au contraire, M. Barodet élu,

M. Thiers pourra dire aux droitiers de l'Assemblée : — « Mon Dieu ! messieurs, j'ai beau n'être
» pas, au fond, plus républicain que vous, vous
» voyez qu'il m'est difficile de ne pas faire la
» République. Le pays la veut ; en toute occasion
» il vous le déclare. Vous m'avez contraint de
» supprimer la mairie de Lyon, — mesure contre
» laquelle je m'étais élevé, — il répond à cette
» concession imprudente en envoyant siéger
» parmi vous le maire dépossédé. La résistance
» aux volontés de la France, ce serait la guerre ci-
» vile. J'avais moi-même encouragé à Paris la
» candidature d'un de mes ministres, on ne le
» nomme pas. Qu'est-ce que cela prouve, sinon
» que mon honorable collègue porte la peine
» des complaisances que nous avons eues en-
» semble pour vous ? Cet échec est un avertis-
» sement dont nous devons profiter. Quand je
» reviens à la politique du Message, le pays ap-
» plaudit ; quand je m'en détourne, il se retire de
» moi. La conclusion à tirer, c'est que la France
» se prononce définitivement pour la Républi-
» que. »

Et ce langage serait l'expression de la pure
vérité.

L'élection de M. de Rémusat, complice des
défaillances du gouvernement, livre M. Thiers à
la droite.

Celle de M. Barodet, rapprochée des élections

qui vont avoir lieu en province, fournira au chef du gouvernement l'occasion d'une déclaration ferme, énergique, et le consolidera sur le terrain du Message.

Voilà comment, dans l'espèce, on donne plus de force au président de la République en repoussant son candidat, qu'en l'acceptant.

18 avril 1873.

## XV

### Fausse manœuvre des Rémusatistes

Je pourrais nommer, à l'heure qu'il est, quelques députés de la gauche républicaine qui font assez triste figure. Ah ! s'il était possible de revenir en arrière ! Si l'on pouvait, sans passer pour des étourdis, retirer les signatures que l'on a données, comme on le ferait de bon cœur ! Mais le moyen de convenir, quand on a l'honneur de représenter son pays, qu'on est de la classe des naïfs et des gobe-mouches ! le moyen d'avouer qu'on a fait une sottise ! Est-ce que l'amour-propre n'est pas là, toujours, pour empêcher qu'un homme « qui se respecte » répare ses fautes en temps utile, — surtout en temps utile ?

Ce n'est pas, notez bien, que les députés dont je parle doutent le moins du monde du succès de la candidature Rémusat ; je n'entends pas dire qu'ils regrettent ce qu'ils ont fait, parce qu'ils craignent un échec pour leur candidat ; non, pas plus que ceux qui soutiennent M. Barodet, ils ne peuvent prévoir quel sera le résultat de l'élection ; — mais ils sentent, ils voient qu'on les a compromis. Le concours des Orléanistes, qui n'est plus un mystère, achève de donner à la candidature du ministre, son véritable caractère. Donc, plus de doute, on a été joué ; on s'est laissé prendre au piége ; on a fait innocemment la partie des ennemis de la République. — Qui donc, ô mon Dieu ! pourrait bien tirer d'embarras ces hommes d'État fourvoyés ?

Qui ?... Mais eux-mêmes s'ils le voulaient. Seulement, ils ne le voudront pas, ou plutôt ils n'oseront pas, je puis vous l'assurer. Ils en seront quittes pour avouer plus tard, dans vingt ans, — comme le font aujourd'hui quelques membres de l'ancien comité de la rue de Poitiers, — qu'ils se sont trompés de bonne foi. Faire cette confession tout de suite, aujourd'hui, ce serait se diminuer...

Eh bien ! non, ce serait se grandir ! Comment

ne comprennent-ils pas ce qu'il y aurait de
digne, de loyal de leur part à venir, pendant
qu'il en est temps encore, déclarer bravement
que, trompés par les apparences, ils avaient,
au début, considéré la candidature de l'honorable ministre des affaires étrangères comme la
plus propre à consolider le gouvernement de la
République ; mais que devant les équivoques et
les sous-entendus de la profession de foi de
M. de Rémusat ; devant le mutisme de ce candidat sur les principales questions qui intéressent le pays : — la levée de l'état de siége, la dissolution, l'amnistie totale ou partielle ; devant
le caractère officiel, quasi impératif, imprimé
par M. Thiers à cette candidature, — ils croient
devoir, par dignité pour leur parti et pour eux-
mêmes, retirer l'adhésion qu'ils avaient donnée.

S'imagine-t-on que ceux qui reviendraient en
un pareil langage sur leur décision première seraient déshonorés ? Loin de là, nous ne les esti-
merions que davantage. Pour ma part, je
considère qu'il y a toujours plus de grandeur
véritable à revenir sur ses pas, lorsque le mal
n'est pas encore accompli, qu'à persister contre
toute évidence dans une voie mauvaise. Voilà
des hommes qui n'hésitent pas à sacrifier le salut de la République à leur vanité ! Plutôt que
de reconnaître qu'ils ont été dupes, ils vont
mettre en péril l'avenir de la France ! Trop d'orgueil, messieurs, beaucoup trop d'orgueil !

Ils ne sont pas tous convaincus de la maladresse qu'ils ont commise : c'est une justice que je dois rendre à ceux qui continuent de ne pas voir plus loin que le petit horizon borné auquel ils sont habitués depuis longtemps. Pour eux, la politique est limitée : — au nord par le bonapartisme, au sud par l'orléanisme, à l'ouest (le *couchant*) par le légitimisme, à l'est, par M. Thiers; j'allais dire, à l'est (le *levant*), par la République, mais aux yeux de ces politiques timides, je ne suis pas sûr que la République apparaisse bien nettement encore. Ils voient M. Thiers, parce que M. Thiers est là, et ils ont résolu de ne jamais le contrarier, dussent-ils le perdre en le flattant. — O Prudhommes!...

Des personnages de cet acabit, je ne m'occupe pas. Ceux que je critique amèrement, ce sont les républicains sincères qui, entraînés dans une fausse voie, y persistent *quand même*, et bien qu'ils n'ignorent plus dans quels périls nous jetterait le choix fatal qu'ils nous ont conseillé. Il est clair que M. Barodet ne sauvera pas plus la République à lui tout seul, que M. de Rémusat ne la compromettra; ce qui fait la portée réelle de cette élection, c'est la signification qu'elle comporte. A ce point de vue je dis que les républicains, franchement républicains, qui ont patronné la candidature de M. le ministre des affaires étrangères, ont fait une faute, et que ceux qui, — le sachant et le voyant, — n'ont pas le courage, avant le vote, de désabuser les électeurs, commettent une mauvaise action !

J'écris cela bien tard, sans doute, puisque c'est après-demain que s'ouvre le scrutin; mais si j'écris un peu tard, je l'ai dit *assez tôt*,— parlant à la personne d'un de ceux que je juge aujourd'hui avec tant de sévérité.

D'ailleurs, ce n'est pas pour les députés que j'écris à cette place ; c'est pour le public.

L'élection de dimanche, à Paris, aura de telles conséquences, que personne n'a le droit de s'en désintéresser.

Elle regarde la France tout entière.

25 avril 1873.

---

# XVI

### Conséquences de l'élection Barodet

Et la terre n'a pas cessé de tourner !...

Ils sont stupéfiants, ces monarchistes! Parce que le suffrage universel s'est prononcé contre eux, ils s'étonnent de voir la France calme, paisible, pleine de confiance en l'avenir. C'est inouï! Après un pareil vote, quand sept départements sur huit affirment la République, réclament l'amnistie, déclarent qu'il est temps de lever l'état de siége et donnent brutalement son congé à l'Assemblée de Versailles, — où siégent tant de ducs, — on n'a pas à déplorer le plus petit acte de violence ! Les populations honnêtes ne s'insurgent pas ! Mais c'est à renier Dieu !...

Laissez faire, mes bons amis ! nous ne perdrons rien pour attendre, et le parti des princes se charge, à lui tout seul, de la leçon. L'ordre dans le pays, après une seule défaite pareille, serait un scandale ; on avisera.

Le pire de l'affaire, c'est que M. Thiers lui-même paraît disposé à tenir compte, dans une certaine mesure, de la volonté formelle des électeurs. Quoi ! M. Thiers pactiserait avec les radicaux, les *communards ?*... car il n'y a que des communards pour envoyer des Barodet, des Lockroy, des Gagneur siéger au théâtre de Versailles au même titre que les Batbie, les Raoul Duval et les Belcastel. Vous me direz que M. Barodet est fort estimé de M. Thiers, que M. Gagneur est l'ami très-intime de M. Grévy, — il reste toujours Lockroy, ce révolutionnaire incorrigible... Et les autres ? Ah ! les autres sont des républicains auxquels on n'a rien à reprocher, sans doute, — mais ce sont des républicains.

Et puis, voyez-vous, quand un pays en est

arrivé à ce degré d'imbécillité de préférer la République à la monarchie, la liberté au despotisme, il est bien malade ! C'est pourquoi les plus grands désastres nous sont prophétisés.

Certes, il est facile d'être prophète quand on tient ou que l'on croit tenir entre ses mains le sort des nations. On peut aisément prédire la guerre civile, quand on se propose de la rendre inévitable.

C'est le cas des monarchistes qui, à cette heure, menacent la France.

Mais le pays veille et ne se laissera pas surprendre ; le gouvernement sait maintenant, à n'en pouvoir douter, ce qui peut le rendre fort et de quel côté il doit chercher ses appuis naturels. On sait déjà que M. Batbie a trouvé M. Thiers inébranlable. Il faudrait avoir perdu, je ne dirai pas la raison, mais simplement le sens politique pour ne pas comprendre que la majorité de six voix dont dispose, par moments, la droite de l'Assemblée, ne peut être mise en parallèle avec la majorité des neuf-dixièmes que la République réunit en sa faveur, toutes les fois que le suffrage universel est consulté. Le chef de l'État n'a pas cet aveuglement ; il voit clair. Cette clairvoyance sera notre salut.

Vous pouvez, Messieurs les ducs, ourdir vos petits complots, ce sera peine perdue. En vain, au retour de vos six semaines de villégiature, vous essaierez de circonvenir le gouvernement ;

en vain, pour vaincre ses résistances, vous lui tendrez des piéges ; en-vain vous grossirez la voix pour l'effrayer ; en vain vous le menacerez, — le gouvernement, qui sent la France derrière lui, vous résistera.

D'ailleurs, M. Thiers peut aisément se faire, dans l'Assemblée, une majorité républicaine. Il a pour lui la gauche radicale, la gauche modérée et les deux fractions du centre gauche ; car je n'imagine pas que la fraction Casimir Périer ose abandonner le gouvernement. Que l'on joigne à cela les enfants perdus du centre droit, les hésitants, les timides, ceux qui, quoique monarchistes d'intention, ne voudraient pas prendre sur eux de renverser M. Thiers, et l'on peut être assuré d'avance qu'une majorité gouvernementale est facile à constituer. Le tout est de le vouloir.

Si M. le président de la République l'avait voulu au lendemain du 29 novembre, c'était chose faite, mais il a tergiversé. Espérons maintenant que, ramené par la voix du pays légal sur le terrain du Message, il n'hésitera plus.

Veut-on supposer qu'une majorité conservatrice, fidèle au gouvernement, est chose trop aléatoire pour qu'on puisse fonder sur cette hypothèse de sérieuses espérances ? Soit ; j'y souscris. Malgré tous ses efforts, le gouvernement retrouvera sans cesse contre lui la majorité de six voix, de dix voix, si l'on veut, que déjà la droite a trouvé le moyen de lui opposer. Mais alors, c'est la dissolution! M. Thiers, qui sentira que l'Assemblée se met en contradiction violente avec la volonté du pays, posera la question de dissolution. Il en appellera au suffrage universel. Car, remarquez-le bien, si pareille hypothèse se présentait, ce n'est plus la question de gouvernement, c'est la question de dissolution qui deviendrait inévitable. M. Thiers ne pourrait pas se retirer; il n'en aurait pas le droit. Son devoir, l'intérêt public, la nécessité d'empêcher la révolution d'envahir l'Assemblée nationale récalcitrante, l'obligerait d'en appeler au pays.

Et il le ferait, j'en ai personnellement l'intime conviction.

Ce n'est pas devant une majorité parlementaire de quelques voix, quand il est surabondamment démontré que cette majorité ne représente pas l'opinion *vraie* de la France, qu'un homme d'État comme M. Thiers abandonnerait le gouvernement — avec la certitude de voir, le lendemain, la guerre civile ensanglanter les rues.

Donc, confiance! Le pouvoir est aux mains d'un honnête homme, et la République sortira triomphante des dures épreuves que, depuis deux ans, lui ont imposées ses adversaires irréconciliables.

2 mai 1873.

# XVII

## Ne proclamons pas encore la République

On nous offre de proclamer la République, et nous ne sommes pas satisfaits. Bien loin de témoigner notre joie, notre reconnaissance à ceux qui, monarchistes hier, daignent s'incliner devant la volonté non équivoque du pays, et proposent de reconnaître définitivement la République comme le gouvernement légal de la France, nous faisons mine de résister, nous prenons des airs de coquette offfensée ; — mais c'est le comble de l'hypocrisie ! Il est clair à présent que les « radicaux » ne sont que de faux républicains, des ambitieux de bas étage, qui ne tiennent pas plus au nom qu'à la forme du gouvernement.

Ainsi parlent les journaux officieux.

Le fait est que la situation a quelque chose de particulièrement bizarre : les monarchistes proposent de proclamer la République, et ce sont les républicains qui refusent ! Cela, naturellement, fait bondir d'indignation et de colère les hommes du grand parti de l'ordre ; ils ne comprennent pas que leurs avances soient ainsi repoussées.

Il se peut que quelques republicains ne se rendent pas, non plus, un compte bien exact de la situation ; c'est pourquoi je considère comme utile d'expliquer la raison de cette contradiction apparente.

Je crois — et je le dis sincèrement — que de la part d'un certain nombre de ceux que les dernières élections viennent de convertir à la République, il y a volonté ferme et loyale de ne pas retourner en arrière ; beaucoup, éclairés comme l'a été M. Thiers lui-même, sur les véritables intentions du pays, reconnaissent enfin qu'il y aurait danger à vouloir restaurer la monarchie. Encore une fois, je crois cela : je ne veux élever aucun doute sur la sincérité de ces conversions tardives. Mais la confiance que peut nous inspirer la droiture politique de quelques-uns ne suffit pas. A côté de ceux-là, il y a les entêtés qui n'ouvriront les bras à la République que pour l'étreindre... et la mieux étouffer.

D'ailleurs, l'Assemblée actuelle n'a pas qualité pour se prononcer sur la forme du gouvernement. Nommée sous la pression d'événements douloureux, investie de la mission spéciale de débarrasser la France des Prussiens, elle ne doit rien entreprendre au-delà. Est-ce parce qu'elle me donnerait le gouvernement de mon choix que, moi, républicain de principes, je pourrais passer condamnation sur l'illégalité de la mesure ? Non pas ! Je protesterais si l'Assemblée rétablissait la monarchie ; je dois protester de même quand elle m'apporte la République.

C'est une question de justice. Je ne veux pas plus que le droit public soit violé en ma faveur que contre moi.

Mais il y a d'autres considérations encore qui doivent nous faire repousser la proclamation officielle qu'on daigne aujourd'hui nous offrir.

La première, c'est qu'ayant pu se prononcer légalement sur la forme à donner au gouvernement définitif, l'Assemblée ferait découler pour elle, de ce premier acte, le droit et le devoir d'achever son œuvre en élaborant les lois constitutionnelles exigées par la situation. Cela est si vrai que, si nous en croyons le *Bien public*, journal inspiré par la présidence, le gouvernement, en échange de la reconnaissance officielle de la République, consentirait à prolonger d'une année l'existence de l'Assemblée actuelle. Encore un compromis.

Et combien d'autres suivraient, bon Dieu !

C'est ici surtout qu'apparaissent les périls innombrables qu'entraînerait, après elle, la proclamation immédiate du gouvernement républicain. L'Assemblée prorogée, devenue constituante, ne manquerait pas d'entourer la République nouvelle d'institutions qui la tueraient en peu d'années. Faire organiser la République par des monarchistes, il n'y a que M. Thiers et M. de Rémusat, pour avoir des idées pareilles. Il est évident que les monarchistes entraveraient si bien la marche et le développement de cette

5.

pauvre République, qu'elle trébucherait à chaque pas ; on la rendrait impossible. — Et vous voulez que nous acceptions cela, nous autres ? Et vous vous étonnez que nous refusions votre proclamation hypocrite ?... C'est justement parce que nous sommes des républicains inébranlables dans notre foi, que nous refusons vos avances et repoussons vos cajoleries.

Donc, nous nous élevons contre la proclamation officielle de la République par l'Assemblée de Versailles :

1° Parce que nous considérons que tout vote constitutionnel de cette Assemblée serait une usurpation de pouvoirs ;

2° Parce que le lit de la République, fait par des monarchistes, nous inspire peu de confiance : — lit de parade, lit de mort !

3° Enfin, parce que le pays, fatigué de la longue comédie à laquelle il assiste depuis deux ans, vous crie par tous ses votes : DISSOLUTION ! DISSOLUTION ! !

9 mai 1873.

---

## XVIII

### Les droitiers conspirent

Avant qu'il soit deux fois quarante-huit heures, l'Assemblée dite nationale aura repris ses séances. Cette Assemblée dont personne ne veut plus, cette Assemblée qui ne représente qu'elle seule, cette Assemblée à qui le pays signifie son congé sur tous les tons et par tous les moyens possibles, elle va revenir !

Et pourquoi faire, grands dieux? — Pour conspirer.

Ce n'est pas une accusation sans fondement que la presse républicaine formule, à l'heure qu'il est, contre la majorité monarchique de Versailles ; les preuves surabondent. Ils sont là, je ne sais combien, qui, se mettant en révolte ouverte contre le gouvernement légal, ont résolu, coûte que coûte, de le renverser par un vote. Jeter bas un ministre, qu'est-ce que cela ? Renverser le président de l'Assemblée nationale, c'est trop peu encore. Ce qu'on veut aujourd'hui, c'est précipiter du pouvoir M. le président de la République, lui substituer un triumvirat, ou plus audacieusement encore M. le duc d'Aumale tout seul, et restaurer tant bien que mal une monarchie quelconque. Qu'importe ce qui peut arriver! Les suites ne regardent pas ces messieurs. On condamne leur politique? Ils se vengent... Quoi de plus simple !

Ah! la France se prononce pour la République! Ah! la France s'oppose à toute restriction du suffrage universel! Ah! les électeurs témoignent qu'ils sont mécontents! Eh bien! attendez... La République, ils vont la fouler aux

pieds; le suffrage universel, ils vont le mutiler!
Quant aux élections prochaines, ils les feront
faire par leurs préfets (car les préfets seront à
eux), par leurs maires, par leurs juges de paix,
par leurs gardes champêtres, par leurs gendar-
mes. — Voilà!

Et si le pays bouge... l'armée est prête!

Ces menaces — et une foule d'autres encore —
sont imprimées tout au long, depuis huit jours,
dans les journaux monarchiques; les meneurs
essaient d'effrayer M. Thiers et la nation en
même temps que lui. Ils crient pour qu'on ait
peur d'eux. C'est peut-être habile. Je crois, moi,
— et je ne crains pas de le dire, — que c'est tout
simplement criminel.

Quoi! nous sommes à la veille de la complète
libération du territoire; dans quatre mois la
France débarrassée de l'occupation prussienne
sera maîtresse d'elle-même; par l'accord, par
l'union, par la trêve des haines, nous pourrions
gagner cette heure tant attendue de la délivrance,
et il se trouve des hommes qui se disent hommes
d'ordre, mais qui ne sont que des hommes d'ambition, pour venir compromettre, de gaîté de
cœur, ce résultat inouï, cette conclusion inespérée de nos récents malheurs!

Tout n'est pas fini avec la Prusse; nous rede-
vons un milliard, et ce milliard doit être payé
d'ici à trois mois. On le peut si l'ordre n'est pas
troublé. Mais que M. Thiers tombe, qu'on porte

la main sur notre République tant de fois acclamée, que la nation poussée à bout, laisse enfin éclater sa colère : — le dernier milliard ne sera pas payé, l'étranger ne s'en ira pas, et non-seulement il ne s'en ira pas, mais ses régiments réoccuperont les départements évacués.....

Ceux qui, dans de pareilles conditions, osent conspirer contre le gouvernement et préparer sa chute, commettent l'acte le plus monstrueux, le plus révoltant qui se puisse concevoir.

C'est un attentat, — rien de moins !

Personne n'ignore les mesures prises par les organisateurs du complot ; on les étale au grand jour, impudiquement, comme si la chose était juste et naturelle. Dans le gouvernement même il y a des complices, c'est au su de tout le monde. Ils ont leur partie à jouer dans l'affaire, et soyez sûrs qu'ils la joueront. Demandez à M. de Goulard, ministre de l'intérieur !

On dit M. Thiers fort embarrassé. Cela m'étonne. M. Thiers sait ordinairement ce qu'il veut et comment il le veut ; ses hésitations, si tant est qu'il en ait, ne sauraient guère s'expliquer. Il n'y a pas deux conduites à tenir, il n'y en a qu'une. Le pays vient d'indiquer la voie : que le gouvernement s'y engage sans réticence. Le malheur de M. Thiers, jusqu'à présent, c'est de n'avoir pas su prendre une attitude franche, résolue, énergique ; il a tergiversé, oscillé, basculé. L'heure des équivoques est passée. Ce qu'il faut au gouvernement aujourd'hui, c'est une politique droite, nette, claire, ferme... Vous entendez bien, monsieur Thiers?

Le pays veut la République, la droite veut la monarchie; à qui le chef de l'État doit-il obéir? A la majorité factice de l'Assemblée, ou à la majorité *réelle* qui ressort des votes exprimés par la nation? Nul doute n'est possible.

Serait-il vrai que M. le président de la République, avant de se prononcer dans un sens plutôt que dans un autre, veut tâter les dispositions de l'Assemblée? Mais quand le pays souverain fait entendre sa voix, de quel poids peuvent être les décisions d'une Chambre répudiée par tous les scrutins?

La droite menace le gouvernement, elle ne lui fait des avances que pour le renverser; elle est hostile, non-seulement à M. Thiers, mais aux aspirations du pays tout entier; elle pousse à l'émeute, à la guerre du peuple contre l'armée; elle excite les partis, soulève les passions contenues. — Ceux qu'on appelle radicaux, que l'on présente comme avides de pouvoir et d'autorité, s'inclinent au contraire, devant les nécessités de la situation; ils renoncent à leurs prétentions, font abandon de leurs plus chères espérances; ils consentent à tous les sacrifices compatibles avec l'honneur et avec l'intérêt de la patrie; ils ont pour eux les sympathies clairement exprimées de la France républicaine; ils soutiennent le gouvernement dans toutes les crises qui menacent son existence; — et M. Thiers pourrait hésiter?

Qu'il me soit permis d'exprimer quelques doutes. M. Thiers peut être un homme de *juste-milieu*, — comme on disait autrefois, — mais le juste-milieu n'existant pas entre ces deux termes : Monarchie ou République, laissez-moi croire qu'il ne sera pas traître à son pays!

16 mai 1873.

## XIX

### On s'attaque à M. Thiers

La bataille est engagée...

La bataille! Après tous les déchirements de la patrie; après la lutte immense, gigantesque d'un peuple trahi, s'efforçant, malgré l'insuffisance de ses généraux, de barrer le chemin à l'invasion étrangère; après la défaite, après la honte, après l'effondrement de tout... quand la nation se relève, quand déjà quatre milliards sur cinq sont payés au vainqueur et qu'il ne faut plus attendre que deux mois — trois au plus! — pour voir disparaître derrière les brumes de la frontière nouvelle, le talon poussiéreux du dernier soldat germain..... pourquoi faut-il que nous ayons, une fois encore, à écrire ce mot funeste : la bataille!

Et qui la provoque, celle-là? Qui jette la France épuisée, lasse, à demi-morte, dans les hasards d'une lutte impie?... Qui?... Les hommes mêmes qui se disent les remparts de l'ordre, les hommes « de paix »— Ah! cela ferait rire, si cela n'était si triste!

Ils sont une demi-douzaine de princes et de ducs que la République rejette, — et qui se vengent! Et derrière eux marche la foule des dociles Parigot et des Blavoyer-Panurge. Comprenez-nous ces gens qui regardent M. Thiers comme un républicain exalté, un révolutionnaire dangereux, et qui ont peur d'un ministère dont font partie M. Dufaure, M. Casimir Périer, M. Waddington? Combien sont-ils en tout? Trois cents environ. Et ils veulent tenir en échec la France entière! Et ils prétendent bâillonner six millions d'électeurs!

Courage, Messieurs! Un coup de force, et tout sera dit.

Non, tout ne sera pas dit! Croyez-vous que le pays se laissera garrotter?...

Le squelette Changarnier, que la correspondance légitimiste de M. de Saint-Chéron nous montre comme s'étant assuré le concours d'un grand nombre de généraux, se charge, à ce qu'il paraît, de mettre la France à la raison. Il n'a pas battu les Prussiens, mais il battra les Français ; c'est son goût ! A chacun ses préférences, n'est-ce pas ?

Soit ; l'homme à la perruque pommadée tentera l'aventure.

Eh bien ! supposons que le coup monté par les conspirateurs de la droite, réussisse ; supposons que la majorité de l'Assemblée remporte la dangereuse victoire après laquelle elle court ; supposons que M. Thiers soit renversé et que Son Altesse « *Monseigneur* » le duc d'Aumale, agissant comme mandataire de sa Majesté Henri V, ou, ce qui serait plus probable, pour son compte personnel, suivant en cela l'exemple donné en 1830 par son digne père, Louis-Philippe Ier, — supposons, dis-je, que le duc d'Aumale soit investi du pouvoir ; admettons que MM. de Broglie, Larochefoucault, de Belcastel et l'illustre Parigot deviennent ministres, — est-ce que, de bonne foi, l'on s'imagine que tout rentrerait comme par enchantement dans l'ordre ?

Je ne parle pas des jalousies monarchiques qui, dès le premier jour, surgiraient. Ces disputes entre *cousins* ne m'intéressent pas. Je songe au parti républicain, c'est-à-dire au parti honnête qui, en ce moment, rallie l'immense majorité du pays. Croit-on, par hasard, que ce parti accepterait, comme en 1851, l'escamotage que l'on médite ? On compte sur l'armée ; est-on sûr d'elle ? Et d'ailleurs, l'eût-on pour soi, de quelle force serait-elle contre le pays tout entier? Le soldat a du cœur et de l'honneur. Lui aussi voit ce qui se passe, et comprend! Je doute fort, pour ma part, que le capitulard de Metz se soit, autant qu'on veut le dire, créé des intelligences dans l'armée. Mais cela fût-il, encore une fois, que l'on réfléchisse donc à la quantité de transportations auxquelles il faudrait recourir! La Nouvelle-Calédonie n'y suffirait pas.

Vous rappelez-vous le quatrain qui circula dans le peuple, après le coup d'Etat du Deux-Décembre? Il me revient en mémoire, le voici :

> Que de transports dans la province!
> Que de transports dans les cités!
> Jamais avénement de Prince
> Ne fit autant de *transportés !*

Le fait est qu'il y en eut énormément; mais ce serait bien autre chose, aujourd'hui! Ce n'est plus par centaines de mille, c'est par millions qu'on devrait arrêter, exporter ou fusiller les citoyens. Il faudrait dépeupler la France? Est-ce possible ?

Si l'entreprise est chimérique, à quoi bon ces convulsions périodiques, ces éclats de rage impuissante? Pourquoi tout ce bruit?

D'un bout à l'autre du pays, l'inquiétude règne, les affaires sont suspendues, les transactions s'arrêtent. Est-ce l'attitude des radicaux qui sème ainsi l'épouvante? Nullement. On a peur de ce que trament dans l'ombre les séides de la monarchie, voilà la vérité.

Si les prétendus conservateurs se groupaient loyalement, honnêtement autour du gouvernement légal ; s'ils acceptaient la sentence prononcée par le suffrage universel, l'ordre régnerait, la paix serait assurée, et, progressivement, nous marcherions avec patience, avec calme, vers des institutions meilleures.

Mais, de nos jours, la signification des mots est changée : *conservateur* devient synonyme de *destructeur* ; « sauver l'ordre, » veut dire qu'on va tout bouleverser. Il est bon que la France le sache et ne l'oublie pas.

Quoi qu'il en soit, nous attendons avec confiance l'issue de la lutte qui s'engage. Les coalisés qui eussent osé peut-être renverser le gouvernement, s'il leur avait été permis de se retrancher derrière l'irresponsabilité du vote secret, perdront toute leur assurance quand il faudra déposer leur nom dans l'urne. M. Thiers restera à son poste, et M. Changarnier en sera pour ses frais d'embauchage et de complot contre la sûreté de l'État.

Une fois encore, le pays en sera quitte pour la peur. Mais le président de la République ne finira-t-il pas par comprendre qu'une seule chose peut nous sauver de ces crises interminables : l'appel à la nation !

Dieu le veuille ! car là seulement est le salut !

Il faut que cette secousse soit enfin la dernière.

23 mai 1873.

## XX

### Le gouvernement de combat. — Avantages du système républicain sur le système monarchique

Mais à quoi pense donc le « gouvernement de combat ? »

Voilà tantôt huit jours qu'il est au pouvoir, et le « sinistre vieillard » qui trahissait la confiance du pays n'est pas encore à Mazas ? M. Casimir Périer, son complice, parle à la tribune de l'Assemblée nationale, aussi librement que s'il n'avait pas menacé — de connivence avec M. Dufaure — la propriété, la famille et la religion ? Cette semaine, étant à Versailles, j'ai pressé les mains de quatre députés de la gauche *radicale* et je me suis promené, trois quarts d'heure durant, au bras de Lockroy, le farouche représentant des Bouches-du-Rhône !

A quoi pense donc le gouvernement « de combat ?... »

J'avoue que, pour ma part, je m'attendais à

quelque action d'éclat. Je voyais déjà l'étendard de l'ordre, — surmonté du lis, du coq ou de l'aigle, — flotter menaçant au-dessus des fronts humiliés de l'ex-président de la République et de son féal Barthélemy-Saint-Hilaire ; je voyais la gauche effarée quitter brusquement Versailles et s'enfuir, sous la conduite de Gambetta, au delà de je ne sais quelle frontière, pour échapper à la déportation qu'elle a si bien méritée par son attitude subversive et ses doctrines anti-cléricales. Je me disais : « Enfin, les beaux jours de Décembre vont refleurir, le commerce va reprendre, le calme renaître, les Prussiens, rassurés sur leur dette, vont évacuer par anticipation les derniers départements occupés ; l'empereur d'Allemagne va nous rendre l'Alsace et la Lorraine... La République morte, c'est l'âge d'or qui revient... »

Ah ! bien oui ! non-seulement le commerce n'a pas repris, non-seulement les Prussiens sont restés, mais la République n'a pas l'air de vouloir disparaître.

Au contraire, on dirait qu'elle va s'affermir.

C'est inouï ! tomber entre les mains d'adversaires déclarés, — et *rallier* ces irréconciliables !... »

M. de Broglie renverse M. Thiers, parce que M. Thiers soutient que la République est seule possible désormais, — et dans le Manifeste qu'il rédige, le noble duc prend l'engagement formel de maintenir la République intacte! En quel temps, ô mon Dieu! vivons-nous?...

. On a beau dire; si cela est signé Mac-Mahon, tout le monde sait que l'auteur véritable du Manifeste est le chef actuel du ministère.

Donc, M. de Broglie reconnaît, ni plus ni moins que M. Thiers, l'impossibilité absolue de rétablir en France un gouvernement monarchique.

D'ailleurs, on est bien forcé d'en convenir, si monarchiste qu'on soit : la République a du bon. Je vous demande un peu quel souverain fût tombé aussi pacifiquement que M. Thiers ? Supposez un Chambord, un comte de Paris, un Napoléon IV au pouvoir ; immédiatement vous aviez la résistance armée. On vous braquait des canons devant la porte de l'Assemblée, et la souveraineté nationale était sabrée par la cavalerie, fidèle au trône. Cela s'est vu jadis, et nous le verrions encore, le cas échéant, si le chef du gouvernement était un prince couronné.

Mais la France est en République. Le pouvoir se trouvait aux mains d'un délégué de l'Assemblée; à tort ou à raison, ce délégué n'inspirait plus confiance; un vote de la majorité l'a remplacé, et tout a été dit. Point de canons, point d'émeute. Les vaincus s'inclinent. La substitution s'est faite légalement : à cela, il n'y a rien à reprendre. On peut regretter l'acte brutal de la majorité, mais il ne soulève aucune protestation irritante. La France a vu sans trouble, sinon sans émotion, ce brusque changement, et l'on n'a pas eu l'ombre d'un désordre à réprimer.

Est-ce que cela ne vaut pas cent fois mieux qu'une révolution violente?

Ah! messieurs les coalisés de la monarchie! Si vous saviez quel bien a fait à la République votre petit coup d'Etat parlementaire! Vous avez renversé le gouvernement le plus sympathique que la France ait eu depuis bien des années; vous l'avez renversé contre la volonté évidente de la nation; vous avez bravé l'opinion publique... et malgré tout cela — uniquement parce que vous êtes demeurés dans la légalité stricte — on a partout reconnu la légitimité (je ne dis pas la sagesse, gardez-vous de confondre!) on a reconnu la légitimité de votre révolution de couloir, et on vous obéit!

La conséquence de cette épreuve, faite par vous-mêmes, la voyez-vous bien? Elle est facile à déduire. Les gens timorés n'ont plus peur d'un régime qui se traduit par de semblables résultats.

« Si le coup d'Etat, me disait un monarchiste (les monarchistes eux-mêmes, appellent « coup d'Etat » le vote du 24 mai) avait eu lieu au profit des radicaux, le calme qui s'en est suivi n'eût rien prouvé du tout; il était naturel que les républicains ne protestassent pas contre une manœuvre qui leur eût profité. Mais c'est contre eux et à leur préjudice incontestable que s'est accompli le chassé-croisé auquel nous venons d'assister; en pareille circonstance on ne saurait nier que l'expérience a quelque chose de rassurant. Un monarque renversé de la sorte eût certainement résisté, et alors... dame!... »

Voilà ce qu'un orléaniste honnête homme me disait il n'y a pas deux jours. Si les monarchistes en sont là, — je parle de ceux qui n'ont pas de parti pris absolu et qui voulaient de bonne foi la monarchie, parce qu'ils la croyaient seule capable d'assurer l'ordre, — si, dis-je, les hommes de cette nuance d'opinion en arrivent à faire de pareilles réflexions, il me semble que nos affaires ne vont pas trop mal, et que la tentative des ducs pourrait bien tourner contre eux. Il ne déplairait pas à la France, croyons-le, de voir s'établir chez elle un système politique qui lui permît de changer ses gouvernants sans susciter le moindre trouble dans l'Etat.

Jusqu'à présent, les gouvernements n'ont pu être remplacés que par la guerre ou la révolution; il est vrai que ces gouvernements étaient des monarchies. Deux fois seulement dans notre histoire, en 1848 et en 1873, il en a été autrement; les chefs du pouvoir ont quitté la direction des affaires sans résistance aucune : l'un et l'autre étaient des présidents de la République. Le premier s'appelait Cavaignac, le second Ad. Thiers.

Cela semble bon, et j'aime à croire que l'expérience profitera au pays.

En attendant, j'interroge les échos de Versailles, et, voyant que le gouvernement « restaurateur de l'ordre moral » n'a pu trouver, malgré son investigation sévère, que *seize* préfets républicains à destituer (seize! pas davantage) et qu'il n'a pas encore rencontré dans l'Administration un seul malfaiteur que réclamât la Nouvelle-Calédonie, je me demande s'il était absolument nécessaire de renverser l'homme illustre à qui la nation doit une si vive et si profonde reconnaissance.

C'est à la conscience publique qu'il appartient de prononcer.

30 mai 1873.

---

# XXI

## Impuissance des coalisés

Les droitiers n'ont vraiment pas de chance
Avoir sous la main trois princes, — qui ne

demanderaient pas mieux que de se dévouer au bonheur du pays, — et ne pouvoir donner la couronne à aucun des trois ! S'être dit qu'il suffirait de renverser M. Thiers pour ne faire ensuite qu'une bouchée de la République, et voir la place occupée par un homme qui a carrément donné sa parole de soldat qu'aucune atteinte ne serait portée aux institutions !...

Il n'y a donc plus de Providence ?

Comment, voilà des monarchistes qui ont en main l'autorité, la toute-puissance ; ils règnent et gouvernent tout à la fois ; la majorité parlementaire est de leur côté ; l'armée fera respecter leurs décisions ; les préfectures, les parquets, les administrations leur appartiennent ; ils y ont entassé leurs créatures, — et ces forts hésitent ! Ces monarchistes poursuivent l'expérience commencée à Bordeaux ! Ils marchent dans la même voie que M. Thiers. *Ils font la République !*

Fatalité des fatalités !

Mais pourquoi, diable ! avoir nommé ce Mac-Mahon ? Quelle maladresse inouïe de choisir pour chef de l'État un homme capable de tenir sa parole !... Hélas ! on ne pouvait faire autrement !

C'est Rouher qui l'a voulu.

Personne au monde ne se serait douté, il y a un an, que l'élection de M. Rouher par les bonapartistes de la Corse, pût être profitable à la République et deviendrait, quelque jour, une cause de salut pour la France. Cependant, rien n'est plus vrai. Sans M. Rouher, l'Assemblée de Versailles portait le duc d'Aumale à la présidence. Je vous laisse à penser ce qui serait advenu.

M. Rouher qui est un fin compère — quoique auvergnat — a vu le piége ; il s'est opposé à *l'avénement* de la monarchie de juillet *;* il a menacé de se retirer de la coalition si l'on persistait. Mais comme les 15 ou 18 voix des députés bonapartistes étaient nécessaires pour la réussite du coup d'État, les meneurs ont cédé ; — et voilà comment ils ont été forcés de mettre à leur tête un homme d'honneur, dont la probité politique les gêne considérablement.

Quand je dis que la fatalité s'en mêle !

Ce n'est pas tout. Faire la République malgré soi, quand on s'était juré d'en avoir promptement raison, cela peut être fort humiliant ; mais le pire de la situation, c'est de constater qu'on n'est pris au sérieux par personne ; c'est de s'apercevoir qu'on n'inspire pas une confiance excessive aux puissances étrangères ; c'est enfin (ô comble de la désillusion !) d'entendre ceux qui ont pris part à l'affaire — comme complices — s'excuser devant le pays de toute arrière-pensée monarchique.

Voyez M. Target, — le fameux M. Target, — que dit-il ? Le brave homme n'en veut pas le moins du monde à la forme républicaine, — au contraire : il a voulu la sauver. M. Casimir Périer n'offrait pas de garanties suffisantes contre le radicalisme ; la République se trouvait menacée, il a voté la chute de M. Thiers pour sauver la République.

Et M. Cottin... Vous ne connaissez peut-être pas M. Cottin (entre nous, je ne le connais point non plus ; je sais seulement que c'est un député de l'Ain, dont ses électeurs ne sont pas contents), eh bien ! M. Cottin jure ses grands dieux qu'il n'a pas voulu ébranler le régime actuel : « Le président seul est changé, dit-il, la forme du gouvernement reste la même. »

Ils en sont tous à faire amende honorable !

Je ne serais pas surpris qu'avant peu le « gouvernement de combat », le ministère de « l'ordre moral,» comme on dit dans les sphères officielles, allât rejoindre les vieilles lunes et les neiges fondues ; un déplacement de quelques voix dans cette majorité indécise, hésitante, dont l'Assemblée de Versailles nous donne à chaque instant le spectacle, suffirait pour que le noble duc de Broglie fût mis dans l'obligation de déposer son portefeuille. On a vu des revirements plus étonnants que celui-là : et comme le maréchal de Mac-Mahon n'est pas un homme à jeter la souveraineté nationale à la porte, il se pourrait que nous assistions à de curieuses transformations gouvernementales.

Je n'affirme rien, je présente une simple hypothèse.

Que dirait M. Target, par exemple, si M. Casimir Périer redevenait ministre sous la présidence du maréchal de Mac-Mahon? Verrait-il, de nouveau, se dresser devant lui le spectre rouge? Et M. Parigot, député de l'Aube, pour qui sans doute M. Casimir Périer est également un radical déguisé, comment supporterait-il ce coup formidable? Ne rêverait-il pas de cartes postales expédiées à son adresse, chaque matin, par des membres du Cercle populaire, assez peu lettrés ou assez lâches pour que leurs noms restent *illisibles?* Mais j'y songe! je suis, moi aussi, membre du Cercle populaire de Troyes : n'aurais-je point ma part des soupçons qui atteignent mes amis (1)?

Trêve de plaisanteries! La situation de la France est assez grave pour que nous en parlions sérieusement.

Des hommes d'ambition n'ont pas craint, pour satisfaire leurs passions politiques, d'exposer le pays aux catastrophes ; la sagesse des républicains a conjuré le péril, mais le danger n'en a pas moins existé.

Parmi ceux qui votaient contre M. Thiers, sous prétexte qu'il s'alliait aux radicaux en for-

(1) M. Parigot, député de l'Aube, ayant reçu une carte postale *anonyme*, a prétendu que cette carte, injurieuse pour lui, était nécessairement l'œuvre d'un membre du Cercle populaire de Troyes.

6.

mant un ministère dans la droite du centre gauche, les uns voulaient être ministres; d'autres espéraient qu'un régime de compression rendrait possible leur réélection compromise.

Ceux qui sont aujourd'hui ministres ne jouiront pas longtemps, selon toute probabilité, de leur triomphe, — et ceux qui comptaient assurer leur rentrée à la Chambre, par des concessions au prétendu parti de l'ordre, ont considérablement diminué leurs chances devant les électeurs.

Voilà les résultats les plus clairs de la coalition.

C'est pourquoi je me suis écrié : — Ces pauvres droitiers n'ont, en vérité, pas de chance!

6 juin 1873.

---

# XXII

## Demande en autorisation de poursuites contre M. Ranc

Le gouvernement est pris de vertige.

Ce n'est pas assez d'avoir commis la circulaire de M. de Broglie et celle de M. Beulé, il faut y ajouter les poursuites contre M. Ranc.

Moi, je comprends cela.

Quand on représente « l'ordre moral », il est tout naturel qu'on fasse de la dénonciation au dehors et de la corruption au dedans. *Ordre moral* ne veut-il pas dire *absence de toute moralité?* Demandez aux bonapartistes.

Et quand on s'intitule « Gouvernement de combat, » ne faut-il pas, de temps à autre, montrer aux populations rassurées que les sabres ne dorment pas dans les fourreaux? Donc on suspend les journaux, sans bien savoir pourquoi, et l'on met la main au collet d'un représentant du peuple.

Mais que va penser de tout cela le soldat loyal auquel on fait endosser de pareilles responsabilités? Car, il faut bien se le dire, M. le maréchal de Mac-Mahon, si étranger qu'il veuille rester aux actes de son ministère, ne pourra pas se dégager complétement; il demeurera solidaire des maladresses et des mesures violentes qu'auront accomplies les agents de son autorité. M. de Mac-Mahon n'est pas un roi constitutionnel ; il est le président *responsable* d'une République. Ce que font ses ministres est présumé consenti, voulu, ordonné par lui. Eh bien ! je n'hésite pas à dire que le ministère du 24 mai compromet grandement la probité politique du maréchal.

Pour ne parler que de l'événement nouveau, de la demande en autorisation de poursuites contre M. Ranc, est-il possible de juger cet acte autrement que comme une mesure de représailles ?

Il ne s'agit pas, ici, de défendre la personne de l'ancien membre de la Commune ; ce n'est point notre affaire, ce sera la sienne. Mais voilà deux ans que M. Ranc siége librement au conseil municipal de Paris ; la justice civile et la justice militaire ont rendu des ordonnances de non-lieu. On a jugé qu'il n'y avait pas matière à poursuivre contre lui. Un conseil de guerre l'a tenu à sa barre comme témoin ; on pouvait l'arrêter, le faire passer du banc des témoins à celui des accusés. On ne l'a pas fait ; pourquoi ? Parce que les imprudences relevées à sa charge ne suffisaient pas pour asseoir l'accusation.

Comment se fait-il donc que M. le général de Ladmirault, qui laissait M. Ranc tranquille sous le gouvernement de M. Thiers, veuille le poursuivre aujourd'hui ? La situation a-t-elle changé ? La justice a-t-elle fait quelque découverte importante qui motive ce brusque revirement ? Non. Seulement M. Ranc est devenu député du Rhône. Son crime est d'avoir été choisi par la ville de Lyon ; on ne pardonne pas ces choses-là.

Et puis ne faut-il pas faire pièce à l'ancien président de la République ? Le gouvernement de « l'ordre moral » tient beaucoup à prouver que M. Thiers était un communard. N'est-ce pas être communard, que de ne pas poursuivre M. Ranc ?

Mais prenez garde! ô habiles ministres! Ce que vous prouverez *contre* M. Thiers, sera prouvé aussi *contre* les autorités militaires, qui, pendant deux ans, n'ont pas agi ; et le coup que vous destinez à l'ex-président de la République pourrait bien, en passant, s'appesantir sur les épaules de M. de Cissey, un de vos amis, et sur celles du général gouverneur de Paris, un de vos serviteurs.

C'est étonnant comme votre logique est forte! Vous rendriez, sur l'honneur, des points à feu Prudhomme! S'il y a des fondrières sur votre route, c'est justement de ce côté-là que vous mettez le pied; si l'occasion de commettre une maladresse se présente, vous la saisissez avec un superbe empressement.

Merci, messieurs, — pour la République!

Rien n'égare les gens, voyez-vous, comme la passion et le parti pris. Si vous obéissiez à la droite raison, si vous saviez faire taire vos haines, on pourrait croire peut-être à votre habileté; mais le désir des représailles vous pousse, et vous allez, tête baissée, vous jeter dans les piéges que vous croyez tendre aux adversaires de votre politique.

Je ne sais pas si la Chambre autorisera les poursuites qui vous tiennent si grandement au cœur. Après l'énorme bévue qu'elle a déjà couverte de son vote, il est possible que la majorité, comprenant que vous la déconsidérez outre mesure par vos intempérances, refuse de vous suivre. Comment vous tirerez-vous de là ? Vous avez sans doute pris vos précautions, vous vous êtes assurés de la majorité, et vous comptez bien envoyer devant un conseil de guerre, ce Ranc odieux que les « pétroleurs » de Lyon vous ont imposé *dans un jour de malheur*. Il est évident pour moi que si vous n'étiez pas à peu près sûrs de votre affaire, vous n'auriez pas tenté l'aventure ; vous avez trop de malice pour cela, — c'est connu.

Mais il peut arriver que le conseil de guerre (vous ne l'avez pas encore consulté, je suppose ?) pense ce que pensait hier M. Ladmirault, c'est-à-dire qu'il n'y a pas dans la conduite de M. Ranc les éléments d'un procès sérieux, et qu'il renvoie purement et simplement le député du Rhône reprendre son siége à la Chambre. Quelle figure ferez-vous ? Vous aurez provoqué un inutile scandale. On dira que vous avez mis le pouvoir dont vous disposez au service de vos rancunes, et le pays vous reprochera cette faute nouvelle, dont le résultat le plus clair sera d'irriter le suffrage universel.

Je ne sais rien de plus dangereux pour un gouvernement que les fausses manœuvres, et, lorsqu'on a l'honneur d'exercer le pouvoir, le premier soin, messieurs, doit être d'éviter les entraînements de la passion. La haine est mauvaise conseillère. Lisez vos journaux, les journaux de la coalition ; on vous y traite comme jamais n'oserait vous traiter un journal radical.

Au cas où vous échoueriez contre M. Ranc, je ne sais pas quelles épithètes ils inventeront pour caractériser votre malencontreuse équipée ; mais ce que je sais, c'est qu'il vous en coûtera gros. Vous serez traînés sur la claie.

Et qui l'aura voulu?...

Rouher vous guette, il attend la complète démonstration de votre impuissance, de votre incapacité pour vous écarter du pouvoir et y monter à votre place. N'est-ce pas lui qui, sous l'Empire, faisait de la France ce que bon lui semblait? L'autre jour, il vous a sauvés ; peut-être jugera-t-il utile de vous sauver encore une ou deux fois : il attend son heure. C'est le propre des bonapartistes de se tenir en embuscade.

Sachez que ces gens-là ne vous poussent en avant que pour mieux vous perdre. Ils ont juré « de vous soutenir et au besoin de vous combattre » ; c'est le secret de leur attitude.

Vous n'en croyez rien, et je vous plains, pauvres aveugles! .

Comme je rirais, si la France ne souffrait de toutes ces crises et de toutes ces agitations!

13 juin 1873.

# XXIII

## Les poursuites sont autorisées

Le 20 décembre 1871, M. Dufaure, ministre de la justice, interrogé sur la question de savoir si le gouvernement ne s'était pas opposé à ce que des poursuites fussent entamées contre M. Ranc, répondait catégoriquement : NON.

Le même jour, M. de Cissey, ministre de la guerre, à qui l'on demandait si le général de Ladmirault n'avait pas demandé qu'un mandat d'amener fût décerné contre M. Ranc, répondait non moins catégoriquement : NON.

Dans la séance de jeudi dernier, M. Ernoul, ministre actuel de la Justice, dont les déclarations à la tribune troublaient la conscience de quelques membres du centre gauche, est sommé de donner sa parole d'honneur qu'aucune pression n'a été exercée sur l'autorité militaire pour la décider à poursuivre M. Ranc; — M. Ernoul, ministre de la Justice du gouvernement de « l'ordre moral, » garde le silence.

Voilà, ce me semble, un rapprochement qui dit bien des choses...

Je ne veux pas faire d'insinuatious malveillantes, mais je ne puis m'empêcher de trouver que le silence de M. Ernoul est tout aussi éloquent que la plus formelle des déclarations. Chacun l'interprète à sa façon. Les amis de M. le ministre de la Justice diront : c'est du dédain. D'autres pourront soutenir, avec quelque apparence de raison, que c'est une manière de franchise. M. Ernoul n'a pas voulu mentir.

Mais comment se fait-il que le centre gauche — dont la conscience était troublée — ait voté pour le gouvernement ?

Je crois pouvoir le dire.

La politique a ses exigences. Quand on s'est mis, par sa faute, dans une situation difficile, il est naturel qu'on ait hâte d'en sortir. C'est le cas des coalisés du 24 mai.

On se rappelle les paroles prophétiques de M. Thiers : « Vous serez les protégés de l'empire ! » — Le résultat ne s'est pas fait attendre.

Grâce aux vingt voix dont les bonapartistes disposent à l'Assemblée, une majorité de quatorze voix a permis aux défenseurs du trône et de l'autel de s'emparer du pouvoir. Sans le secours des alliés de Chiselhurst, l'affaire manquait.

Mais qu'est-il arrivé ? La chose du monde la plus facile à prévoir. Les bonapartistes ont fait claquer leur fouet ; ils ont prétendu qu'ils avaient sauvé l'ordre. Leur langage est devenu impertinent ; ils ont jeté l'injure à la face de ceux qui avaient commis l'imprudence de réclamer leurs services. Après avoir été d'utiles auxiliaires, ils sont devenus un danger. C'est alors que le gouvernement a compris la nécessité de s'appuyer sur le centre gauche.

Voilà donc M. de Broglie acculé aux mêmes difficultés que M. Thiers ; le voilà obligé de lutter contre les intrigues du parti bonapartiste. Quand je disais, il y a quinze jours, qu'il ne serait pas impossible que le ministère fût à son tour dans la nécessité de recourir aux hommes qui, suivant la parole de M. Target, n'offraient pas de garanties suffisantes ! C'était bien la peine, n'est-ce pas, de renverser M. Thiers pour appeler au gouvernement les ministres qu'il avait lui-même choisis, ou d'autres appartenant au même groupe politique ?

J'ai lieu de croire que l'on peut, dès maintenant, considérer comme accomplie, l'alliance du gouvernement et du centre gauche.

C'est à ce compromis qu'il faut attribuer l'absence de M. Thiers à la séance de vendredi, le silence gardé par M. Dufaure, la déclaration inattendue de M. Laboulaye, et le vote du groupe Périer en faveur de l'autorisation de poursuivre, — nonobstant l'étrange attitude de M. Ernoul.

Il s'agit de résister aux entreprises du bonapartisme devenu une puissance ; pour cela rien ne coûte. Peut-être la République profitera-t-elle de ce concert imprévu. Qu'importe ! l'ennemi est là, l'ennemi commun !... Voilà où conduisent les fautes !

Quoi qu'il en soit, l'alliance nouvelle se conclut sur un terrain fâcheux. C'est au prix d'un regrettable oubli des principes, d'une atteinte grave, portée sans raison aux immunités parlementaires, que le pacte s'est fait. Pourvu qu'il n'entraîne pas de conséquences dont on ait à se repentir !

Il est toujours dangereux d'ouvrir la porte aux entraînements de l'esprit de parti. Ce qui se passe ne le témoigne que trop. Ce sont les hommes dont on veut se débarrasser aujourd'hui, qui ont poussé le gouvernement du 24 mai à arracher de son siége un représentant du peuple. Ne pouvait-on rompre avec eux sans leur donner cette satisfaction ?

Hélas ! le ministère était engagé ! une fois sur la pente, il est allé jusqu'au bout.

Puisse cette dernière équipée servir de leçon !

20 juin 1873.

# XXIV

## Les enterrements civils

Je n'aime pas les représailles : ce sont presque toujours des actes d'injustice, parce que ce sont des actes de haine et de passion. Quand la passion parle seule, quand c'est le ressentiment qui domine, la justice demeure absente.

Aussi, je réprouve du plus profond de mon âme les explosions de colère qui, à certaines époques de notre sanglante histoire, ont poussé le peuple déchaîné, à se venger de ceux qui l'avaient trop longtemps opprimé.

Pourtant, je suis forcé d'en convenir, les masses aveugles — ces masses *coupables* — ne doivent pas seules porter la faute de leurs sinistres égarements. Une part de responsabilité remonte jusqu'aux classes dirigeantes qui, plus instruites, mieux éclairées, devraient donner toujours l'exemple de la modération et du respect des lois.

Mais les sages même n'ont plus la sagesse..... Qu'est-ce donc que ce défi nouveau porté à la conscience publique par le gouvernement de combat? Que signifie cette injure à la libre pensée? Nous n'avons plus même l'égalité devant la mort, l'égalité devant le cercueil! L'Empire, d'odieuse mémoire, n'est jamais allé aussi loin! A-t-on résolu, en la dépassant, de faire oublier la domination tyrannique du sombre héros de Décembre?

Je veux croire — malgré les apparences — qu'il n'y a pas, de la part du gouvernement, une intention préméditée d'hostilité contre les doctrines d'affranchissement religieux qui font un

chemin si rapide au sein des classes démocrati-
sées. On n'entend pas nous forcer, nous autres,
à rentrer dans le giron de l'Eglise orthodoxe. Le
parti ultramontain croit bien faire ; il obéit à sa
conscience. Il proscrit ce qui lui semble coupable,
il flétrit ce qui lui paraît honteux.

> Le jour n'est pas plus pur que le fond de son cœur...

Soit ; j'admets tout cela.

Mais le procédé est-il habile ? N'a-t-on pas
dépassé la mesure ? Ah ! prenez garde, majorité
cléricale et ultramontaine ! Vous venez de commettre une bien grave imprudence, et les imprudences, en politique, se paient cher !

Voici, ce qu'à propos des funérailles de
M. Brousse, député, je lis dans un journal italien, l'*Opinione :*

« Aujourd'hui on fait un affront à la mémoire
d'un député libre-penseur ; demain la révolution
aidant, on tombe sur le prêtre et on l'assomme.
La liberté est toujours immolée à la fureur des
partis. »

Eh ! oui... ce sont les représailles !

Mieux vaudrait ne pas irriter le sentiment national par ces affronts inutiles, par ces mesures
vexatoires qui n'empêcheront rien et ne remé-
dieront à rien. On croit empêcher les enterrements civils, on en accroîtra le nombre. Jamais
la persécution n'a produit les résultats qu'on

attendait d'elle. La persécution fait des prosélytes.

Voyez l'inconséquence! A Lyon, les convois civils ne seront autorisés que de telle heure à telle heure, après l'accomplissement de certaines formalités prescrites par le proconsul qui s'est taillé, dans le département du Rhône, un petit État à lui ; à Paris et partout ailleurs ils se feront à toute heure et librement. La loi violée ici, sera respectée là. Nous revenons aux Coutumes. Notre unité légale disparaît ; l'arbitraire le plus bigarré tiendra lieu de jurisprudence. Quand on franchira les limites d'un département, on ne saura plus sous quel régimè il sera permis de vivre et de mourir. Tout voyageur devra porter un *vade-mecum* dans sa valise. Ne riez pas ! c'est à cela que nous allons.

Pour ma part, ces excès ne m'effraient pas. J'aime à voir le gouvernement de combat arborer franchement les doctrines réactionnaires du *Syllabus*. Nous savons à quoi nous en tenir, et les hommes de quelque bon sens, qui voient enfin sous quelle bannière les coalisés du 24 mai veulent enrôler la France, ne tarderont pas à comprendre que l'esprit de l'Encyclique, s'il était pleinement appliqué, — et il le serait avec les monarchistes, — nous ramènerait au bon temps des Dragonnades et de l'Inquisition.

Non-seulement l'immense majorité du pays proteste contre de pareilles tendances ; non-seulement ceux que la République épouvantait, uniquement parce qu'elle est la République, commencent à redouter singulièrement les conséquences de l'ordre soi-disant moral qu'on nous prépare; mais encore de nombreux et honorables officiers s'affligent profondément de voir le nom d'un maréchal aimé, respecté, honoré, mêlé à ces intrigues de sacristie. Ah! l'armée n'aime pas le goupillon!...

J'estime donc que l'attitude actuelle de la majorité cléricale n'est pas faite pour renforcer beaucoup le gouvernement qui a succédé à M. Thiers, ni pour rallier autour de lui les grandes forces sur lesquelles ont besoin de s'appuyer, tous ceux qui prétendent exercer le pouvoir.

Les doctrines ultramontaines n'auront jamais pour elles les sympathies de l'opinion publique, ni, — chose consolante! — les tendresses de l'armée.

C'est ce qui me rassure.

27 juin 1873.

---

## XXV

**Perquisitions et visites domiciliaires dans l'Aube**

Voilà, il me semble, une occasion superbe pour les députés de l'Aube de se distinguer, en prouvant par d'éloquentes et chaleureuses paroles leur amour de l'ordre vraiment moral et leur respect pour les libertés publiques.

Perquisitions dans les bureaux d'un journal important, visites domiciliaires, saisies à la poste de lettres de commerce, quel thème pour une interpellation! Aussi, je m'attends à voir un de ces jours surgir à la tribune l'honorable M. Parigot (celui qui n'aime par les cartes postales), et prendre vertement à partie M. Beulé, qui permet que sous son administration, il se passe, à l'intérieur, des faits de cette gravité.

On se croirait au lendemain du Deux-Décembre.

La presse tout entière s'est émue, — non-seulement la presse de Paris, mais celle de la province et de l'étranger; — il est assez naturel que les représentants de l'Aube s'émeuvent à leur tour.

Je sais bien qu'il s'agit d'un journal républicain et d'hommes suspects de ne pas croire aux miracles de Lourdes, ni aux vertus de l'eau de la Salette; mais quand on est libéral, on ne s'arrête pas à de si minces détails.

« — Messieurs, dira M. Parigot (qui n'aime pas les cartes postales), j'ai l'honneur d'interpeller le gouvernement sur les tracasseries dont viennent d'être l'objet quelques-uns de mes électeurs. On a saisi à la poste des lettres d'affaires; on a fouillé les tiroirs de gens qui ont, je le reconnais, le tort grave de faire chaque dimanche des promenades scientifiques, au lieu d'aller à la messe ; on a perquisitionné dans les bureaux d'un journal dont les doctrines, je le reconnais encore, n'ont rien de commun avec le *Syllabus*, si cher à l'honorable M. Ernoul ; mais je n'en élève pas moins la voix pour faire entendre du haut de cette tribune, une énergique protestation. Je suis généreux, messieurs, et si peu d'estime que j'aie pour mes adversaires, je n'hésite pas à prendre leur défense.

» Nous vivons en des temps difficiles ; nous traversons une période extrêmement délicate ; dans quelques mois, peut-être, nous aurons à nous représenter devant nos électeurs, il est temps de nous rapprocher d'eux par quelques sages et prudentes concessions. Pour mon compte, je sens le besoin de me refaire une popularité.....

— J'adhère ! criera de sa place M. Blavoyer.

« — Pas plus que vous, messieurs, reprendra M. Parigot, je ne suis homme de désordre ; mais je ne vois pas sans frémir approcher l'heure où je devrai rendre mes comptes.

» C'est pourquoi je propose à l'Assemblée de voter un ordre du jour sévère... »

M. Blavoyer : — Appuyé !...

« ... dont je laisse au gouvernement le soin de rédiger lui-même la formule, afin de ne pas trop le désobliger. »

Ayant ainsi parlé, M. Parigot (qui n'aime pas les cartes postales) descendra de la tribune et appellera M. Gambetta « mon cher. »

Vous voyez d'ici la figure des ministres.

M. Beulé bondira, et froissant fiévreusement le cuir de son portefeuille :

« Messieurs, répliquera-t-il, les mesures dont on vient de se plaindre sont justifiées par le « périlleux danger » que viennent de courir les habitants de la ville de Troyes ; les magistrats dont on incrimine le zèle, ont agi « avec leurs fonctions. » C'est notre droit de suspecter les gens qui refusent de croire au dogme *séculaire* de l'Immaculée-Conception. Les musulmans d'Afrique nous appellent « chiens de chrétiens » ; je trouve légitime que les libres-penseurs soient traités de la même façon par les catholiques. Devons-nous donc des ménagements aux hommes qui répudient la sainte croyance des aïeux « dont nous descendons? » Vous ne le penserez-pas, Messieurs. Le gouvernement « qui vous gouverne » a fait ses preuves de modération. Demandez plutôt aux Lyonnais! L'ordre règne dans le chef-lieu du Rhône, grâce à l'énergie tutélaire du nouveau préfet, M. Ducros. J'exprime le désir que M. Parigot reprenne sa place au milieu des soutiens du pouvoir, et qu'il ne s'occupe plus désormais que de ses rapports de pétitions, — chose pour laquelle, vous le savez, il possède des aptitudes toutes particulières.

» Du reste, messieurs les députés, le gouvernement peut, dès à présent, vous rassurer sur le résultat des élections générales. Les lois que nous préparons dans ce but et que vous voterez certainement, seront de nature à vous donner toute sécurité.

» Laissez donc la justice poursuivre paisiblement son œuvre d'*équité*. Aucun engin meurtrier n'a été découvert dans les bureaux du journal dont il est question en ce moment et que je ne nomme pas, par respect pour moi-même, mais on a trouvé dans les cartons des doctrines subversives.

» Le Cercle, objet des poursuites, était, à ce que m'affirme une dépêche, un lieu de réunion. Sous le régime de l'ordre moral, nous ne pouvons permettre que de pareilles anomalies se produisent.

» Je repousse l'ordre du jour. »

M. Parigot (qui n'aime pas les cartes postales, mais qui aime beaucoup M. Beulé) n'y pourra plus tenir. Il se lèvera une seconde fois et de ses lèvres émues tomberont ces paroles mémorables :

« Je retire ma proposition, Messieurs, puisque le gouvernement m'en prie, mais je tiens à proclamer mon libéralisme à la face de l'univers. »

Et pour clore l'incident, M. Blavoyer criera :

— Très-bien !

Au sortir de la séance, les deux députés *régénérés* s'embrasseront, et chacun murmurera à l'oreille de son voisin : — « Hein?... comme nous nous sommes relevés aux yeux de nos électeurs! »

Allons ! messieurs, une bonne petite interpellation, et que la scène fantaisiste dont je viens de décrire les intéressantes péripéties devienne bientôt une réalité!

J'irai vous entendre.

4 juillet 1873.

---

## XXVI

### Le Shah de Perse et les députés monarchistes

Des gens qui ne donneraient pas leur bonheur, depuis six jours, pour le retour à la France de l'Alsace-Lorraine, — ce sont les monarchistes.

Ils ont un vrai roi à saluer, à congratuler, à encenser; ils font la roue devant lui; ils courbent l'échine comme du bon temps de Louis, dit le *Bien-aimé*, ou de Capitulard III, de plantureuse mémoire; ils ont à portée de leurs génuflexions un monarque vivant, authentique, qu'ils peuvent appeler « Majesté » tout à leur aise; une tête couronnée à montrer au *peuple*. C'est plus que de la joie, c'est du délire.

Aussi, comme on s'en donne! ce ne sont que fêtes et festins. On élève des tribunes garnies de splendides tentures; on étale le velours, les tapis, les torsades dorées; on dresse des oriflammes; on tire des feux d'artifice, on passe des revues; les personnages officiels se revêtent de costumes de cour; ils portent — à commencer par M. de Broglie, — des habits brodés sur toutes les coutures. On sort du garde-meuble les fauteuils dorés qui servaient de trône. Sur celui-ci s'est assis Napoléon, dit *Sedan;* sur celui-là l'impératrice Eugénie. L'un est offert à l'hôte providentiel qui représente chez nous, pour une quinzaine, la royauté absente; le second est occupé par « le chef de l'État »; — car on n'écrit pas le président de la République.

« République » est un mot proscrit, un mot qui sonne faux. Il faut bien vite l'effacer du langage officiel. Et c'est ce que l'on fait.

Nous avons tous lu les discours échangés entre le shah de Perse et les dépositaires actuels du pouvoir; rien n'y laisse soupçonner la forme de gouvernement sous laquelle nous vivons. Il semble qu'on ait honte d'avouer que nous ne sommes inféodés, pour le quart d'heure, à aucune dynastie. J'aime à croire que M. Buffet aura soufflé tout bas à l'oreille du royal voyageur que le souverain de France est momentanément éloigné du territoire pour cause de santé ou pour affaires de famille, et qu'il sera aux regrets de n'avoir pu lui-même donner au *roi des rois* l'accolade fraternelle. Si M. Buffet n'a pas dit cela, il a manqué à tous ses devoirs. Ce serait un scandale inouï, en effet, que de modestes bourgeois, voire même un maréchal d'origine plébéienne — quoique duc — reçussent pour leur propre compte la visite d'un prince couronné.

Ma réflexion est si juste, que le Buffet susdit a fait tous ses efforts pour écarter du cérémonial de la revue passée jeudi dernier au bois de Boulogne, les seuls représentants avouables de la souveraineté nationale, — les députés. Il a fallu l'indiscrète proposition de M. Villain pour l'y contraindre; et encore, mercredi soir, les députés (ceux de la gauche, pour le moins) ignoraient-ils l'heure et le lieu du rendez-vous. Ils avaient une tribune pour eux et leurs familles; mais ce n'est pas ainsi, ce me semble, que les choses eussent dû se passer. Que des cartes particulières aient été offertes aux membres de l'Assemblée pour leurs parents et pour leurs amis, je n'y trouve pas à redire ; mais j'estime que l'Assemblée nationale, ayant à sa tête son bureau, devait seule faire les honneurs de la revue militaire donnée en spectacle au roi de Perse. Confondus avec leurs femmes, leurs enfants, leurs neveux, leurs nièces, leurs cousins et leurs cousines, les représentants de la France perdaient tout caractère officiel. Ils étaient des *invités*, des *favorisés*, des *privilégiés*, — au même titre que la « parente » venue de Pontoise pour voir la fête, ou l'*amie intime* à laquelle sont dues toutes les faveurs petites et grandes ; — mais ils n'étaient plus l'Assemblée nationale.

J'ai vu, en 1848, les choses se passer différemment. Il a fallu l'audace de l'aventurier de Boulogne et de Strasbourg pour changer tout cela. Aujourd'hui, grâce à Dieu, ce n'est pas un aventurier qui occupe le premier poste de l'État ; c'est un soldat loyal, pénétré des grands devoirs que lui impose sa charge transitoire ; pourquoi donc se laisse-t-il circonvenir ? Jamais honnête homme n'a été plus gravement compromis que ne l'est en ce moment M. le maréchal de Mac-Mahon. Il a pu s'en apercevoir lors de son entrée à Paris dans la voiture du prince persan. Pas un cri n'a été poussé ; pas une acclamation à son adresse n'est partie de la foule entassée sur le passage du « royal » cortège.

C'est qu'en définitive, on comprend qu'il a, en main, l'autorité nécessaire pour imposer à ses ministres une politique tout autre que la politique réactionnaire que suivent ces messieurs depuis le 24 mai.

— Ah! disait, il y a quelques jours, un républicain conservateur de ma connaissance, ce n'est pas M. Thiers qui se laisserait mener comme cela !

Je désire que l'on dise longtemps encore que le maréchal de Mac-Mahon se « laisse mener »; tant qu'on parlera de la sorte, on l'amnistiera implicitement de bien des fautes. Mais ses complaisances pour les intrigues monarchiques de son ministère pourraient bien, s'il n'y veille, le faire accuser lui-même, avant peu, de tendances anti-républicaines.

M. de Mac-Mahon n'ignore pas que le buste de la République est proscrit, comme emblème séditieux, par certains préfets ; M. de Mac-Mahon n'ignore pas que les cris de « Vive Henri V ! » sont proférés par les pèlerins qui sillonnent la France sous la conduite du clergé ; M. de Mac-Mahon n'ignore pas que ses ministres rêvent la mutilation du suffrage universel ; M. de Mac-Mahon n'ignore pas les incessantes provocations du préfet de Lyon. S'il laisse faire, c'est qu'apparemment il approuve la conduite de ses agents.

Bientôt on le croira.

Un mot regrettable, m'assure-t-on, a été prononcé, le jour de la revue, par un député de la coalition.

Le shah, couvert de diamants, venait d'arriver. Il était descendu de cheval et montait lentement les degrés de la tribune, où un magnifique fauteuil avait été préparé pour lui.

Le coup d'œil, à ce moment, était féerique.

Désignant d'un geste la foule qui dévorait du regard le fastueux costume du prince, le député dont je parle aurait dit :

« C'est par de pareils spectacles qu'on redonne aux peuples le goût de la monarchie. »

Que pense de cette offensante parole M. le maréchal, président de la République ?

11 juillet 1873.

# XXVII

### Définition de « l'ordre moral »

Enfin, les coalisés du 24 mai vont être forcés de casser quelques vitres et de parler politique. Un mot imprudent de M. Ernoul (fils de ses œuvres) oblige le noble duc de Broglie à faire

étalage public des opinions du gouvernement;
— ce qui ne sera pas commode.

« De quelle couleur est votre habit? demandait-on à Arlequin.

— Choisissez! répondit le masque.

Or, nous savons que le chef actuel de l'État s'est engagé, sur l'honneur, à maintenir la République; mais nous savons aussi que le ministère est composé d'orléanistes, de légitimistes et de bonapartistes, c'est-à-dire d'hommes qui ont tous juré *in petto* de travailler au rétablissement de leur monarchie respective. De telle sorte que, si l'on demande au gouvernement ce qu'il est, ce qu'il veut, où il va, — je ne vois pas qu'il lui soit facile de répondre autrement qu'Arlequin.

Je défie donc l'honorable vice-président du conseil d'être aussi net, aussi carré dans sa réponse que l'a été M. le maréchal de Mac-Mahon dans sa proclamation.

Mon Dieu! que M. Ernoul (fils de ses œuvres) a été maladroit! Mettre le cabinet dans une situation pareille! — Que le *Syllabus* vous pardonne, monsieur le garde des sceaux!

Ce serait chose curieuse, tout de même, si le ministère éclos du 24 mai dernier (mais non, je ne puis me bercer à ce point d'illusion... c'est un rêve!) si le ministère éclos le 24 mai, allait, à son tour, être renversé le 21 juillet par un ordre du jour motivé!

Quoi! comme cela! si vite!... Ce gouvernement « qui représente la France » ne vivrait pas même deux mois!..

Encore une fois, ne caressons pas cette folle espérance.

Il y a de bonnes raisons pour que le ministère de la coalition soit d'une solidité à toute épreuve. D'abord, il ne serait pas de caractère à se retirer noblement, même devant un vote hostile; deux ministres auraient déjà dû donner leur démission, ils ne l'ont pas fait; cela indique une volonté très-ferme de conserver le pouvoir. C'était bon pour M. Thiers et ses amis de se considérer comme renversés par 14 voix de majorité. Mais les sauveurs de sociétés ont d'autres devoirs à remplir. Quand on est la *ligue des gens de bien*, il faut savoir fouler aux pieds les questions d'amour-propre et s'élever au-dessus des mesquines tracasseries parlementaires.

Le cabinet restera donc. Semblable à l'Assemblée nationale qui se déclare souveraine à perpétuité, il fermera l'oreille à toutes les invitations polies ou même impolies qui pourront lui être adressées — de céder la place. De même que le mot « dissolution » va devenir un délit, toute attaque contre le gouvernement innomé dont nous jouissons, sera considérée comme un crime de haute trahison, un crime contre la sûreté de l'État.

Et la preuve, c'est qu'un journal de province

a déjà été officieusement prévenu qu'il serait poursuivi s'il continuait à s'en prendre à M. le ministre de la guerre. Son Excellence M. du Barrail est un personnage sacré.

Ce qui me console de tout cela, c'est que nous allons savoir (et franchement il n'est pas trop tôt), ce qu'il faut comprendre par « ordre moral ». Ces deux mots ont le don de m'intriguer profondément. J'avais cru d'abord, — ayant étudié la philosophie, — en pouvoir donner la signification ; mais depuis que M. Ducros est préfet, je m'y perds. La circulaire de M. Pascal et les discours de M. Beulé avaient commencé la déroute de mon esprit ; l'impartialité *vraie* de M. Buffet, président de l'Assemblée, et la récente proposition du pieux ministre de la Justice ont achevé de me jeter sur le carreau.

Mais il ne me faut plus que deux jours de patience ; dans deux jours mon intelligence, encore obscurcie, sera splendidement illuminée. M. de Broglie, fils de duc et duc lui-même, aura expliqué au monde comment un gouvernement peut être tout à la fois d'*ordre moral* et de *combat*. Ce sera superbe. Des flots de lumière descendront de la tribune ; les républicains éblouis cacheront leur visage dans le creux de leur pupitre. Quel dommage que le shah quitte sitôt la France ! ses diamants auraient pâli devant l'éclat de cette resplendissante parole.

Si j'ai un conseil à donner à M. de Broglie, c'est de ne pas mettre ce jour-là l'habit brodé qui lui va si bien. Je le supplie d'avoir pitié de ses ennemis. Je crois devoir, en même temps, recommander à M. Gambetta de ne pas assister à la séance ; il sera foudroyé par l'éloquence ministérielle. Peut-être, par égard pour le pauvre égaré, le généreux vice-président du conseil dédaignera-t-il de le prendre directement à partie ; il n'imitera pas en cela M. de Kerdrel, qui s'en est mordu les pouces ; mais l'apologie des doctrines du gouvernement sera la condamnation la plus énergique qu'il soit possible de faire des rêvasseries anti-sociales du tribun populaire.

Quand on aura prouvé que la loyale application des principes républicains nous conduirait à la ruine et que la « mise en carte » des conseils élus est le seul moyen de rétablir l'ordre dans le pays, je demande un peu ce que pourraient répliquer les gens qui, comme M. Gambetta, M. Louis Blanc (qu'on dit inscrits pour prendre la parole), et une foule d'autres, ont l'audace de résister à toute espèce de restauration monarchique.

Le mieux que nous puissions faire, nous tous que la grâce n'a pas encore touchés, c'est de garder un silence prudent.

M. de Broglie nous démontrera que l'ordre moral, sous la République, exige que les républicains soient traités en ennemis ; que l'ordre moral commande de suspendre les journaux ;

que l'ordre moral ordonne de restreindre le suffrage universel; qu'il n'est pas d'ordre moral
qu'une assemblée élue pour faire la paix, s'en
aille une fois le territoire évacué. Il démontrera
que certaines classes (dont lui, fils de duc, fait
partie), sont envoyées par la providence pour
gouverner les peuples; que la dignité des nations
consiste à toujours se soumettre; que l'indépendance est un vain mot, la liberté un leurre; qu'il
n'y a de vrai que l'obéissance; que les masses
sont misérables et incapables; que ceux qui
sont nés au bas de l'échelle sociale doivent y
rester; que nul ne peut s'élever au-dessus de sa
condition, sous peine de porter atteinte aux
priviléges des classes supérieures; qu'on ne
peut être « fils de ses œuvres » (ce qui contra-
riera beaucoup M. Ernoul); enfin que ceux qui
rêvent des changements dans la répartition des
droits et des devoirs, ou demandent la libre ac-
cession des couches inférieures aux fonctions
publiques, sont des utopistes dangereux, des
êtres subversifs, des perturbateurs qu'il faut
poursuivre sans relâche, par tous les moyens,
dût pour cela l'Assemblée nationale constituer
un « comité de salut public », — ce qui déridera
le front de M. Ernoul.

Et voilà comment il sera établi qu'un gouvernement d'ordre moral est nécessairement
un gouvernement de combat.

18 juillet 1873.

# XXVIII

## La loi Ernoul et les députés en vacance

Malgré le vote de la proposition Ernoul, il
restera permis aux députés en vacances et   aux
journaux, — ce qui ne peut que nous être fort
agréable — de se prononcer en faveur d'une dissolution (aussi rapprochée que possible) de l'Assemblée nationale. Une seule condition sera
exigée : la politesse. Pourvu qu'on mette le cha-
peau à la main, on pourra prier courtoisement
l'Assemblée de faire place à de nouveaux élus.

Il sera, selon moi, d'autant plus utile d'y songer que le programme du nouveau cabinet  mi-
nistériel paraît se résumer en treize mots bien
significatifs : « Ne rien faire, en empêchant les
autres de faire quoi que ce soit. »

On comprend que le pays, avide de sécurité,
de stabilité, de travail, commence à trouver fa-
tigante cette expectative prolongée. Les affaires
souffrent ; on est las d'attendre.

Ce qu'il faut au pays, c'est un régime définitif.

Si l'Assemblée se croit en état de constituer,
qu'elle constitue ; — sinon, qu'elle fasse appel
aux électeurs !

C'est ainsi, pensons-nous, que sera posée la

question dans les réunions publiques ou privées, que ne manqueront pas de provoquer les députés de la gauche.

Il est clair, dès lors, que le délit d'offense pourra être facilement évité. Les pétitions, rédigées en termes « respectueux », pourront elles-mêmes reprendre leur cours. Si le colportage est interdit, qui empêchera qu'on aille signer dans les bureaux des journaux démocratiques ou au domicile d'un citoyen dévoué ? Ce mode de procéder est légal et la commission de permanence n'y pourra rien trouver de blâmable.

Je veux admettre pourtant que la publication dans un journal, soit d'une pétition, soit du discours d'un député, paraisse injurieuse et que la commission commande des poursuites. Le jury est là pour prononcer sur la culpabilité de ceux qu'on accuserait à tort d'avoir manqué de respect à la représentation nationale. Or, le jury c'est la nation. Croit-on, si l'on mesure sagement les termes, si l'on sait rester dans les bornes d'une convenance irréprochable, qu'il se trouvera un tribunal — un seul ! — pour condamner des citoyens usant d'un droit qui leur appartient, qui leur est officiellement reconnu ? Que l'on se souvienne des poursuites ordonnées par l'Assemblée nationale contre les journaux qui avaient — assez vivement, il faut en convenir — attaqué les décisions de la commission des grâces. Douze journaux, dans douze départements différents, avaient été déférés à la justice : tous ont été acquittés.

Il en serait de même, nous pouvons l'espérer, des procès qu'intenterait la commission de permanence (1).

La foi en l'éternité de l'Assemblée n'est pas encore de dogme, que je sache ; on a le droit de de ne pas croire, comme de croire ; et ceux qui ne croient pas peuvent très-bien le dire.

Comment d'ailleurs pourrions-nous être taxés d'irrévérence en affirmant que la libération du territoire assigne un terme au mandat des députés élus en février 1871 ! Cette doctrine a été soutenue, il y a un an, par des députés de la droite, notamment par MM. de Franclieu et de Castellane.

Nous objectera-t-on l'engagement pris par l'Assemblée actuelle de discuter les lois constitutionnelles présentées par M. Thiers, dans le mois qui suivra la rentrée ? Soit, mais dans l'état de division où se trouvent les partis qui constituent la majorité, n'avons-nous pas à craindre de stériles débats, une agitation parlementaire dangereuse ? Ne serait-il pas plus sage de s'en

---

(1) Nous avions compté sans l'état de siége ; le gouvernement s'étant ému d'un discours prononcé, à Périgueux, par M. Gambetta, les journaux coupables de l'avoir reproduit, ont été frappés par les généraux commandant les départements.

remettre à une constituante? Je pose toutes ces questions sans les résoudre. J'exprime des craintes; je signale des inconvénients.

Quand on veut « l'ordre moral », la première chose à faire, c'est d'éviter de troubler le pays.

Or, je doute, pour ma part, que la majorité bariolée qui fonctionne à Versailles, soit capable de voter de bonnes lois constitutionnelles. Les fractions diverses dont elle se compose pourront s'entendre pour décréter le renversement de la République. Mais après?... La République par terre, il ne suffira pas de proclamer la monarchie; il faudra la définir, cette monarchie; il faudra lui donner un corps; mieux que cela, un nom; mieux que cela encore, un homme capable de l'incarner. C'est alors que tous les efforts échoueront.

Une assemblée nouvelle, munie de pouvoirs spéciaux et nettement définis, serait seule en état de trancher la question. On le verra bien. Mais que de temps perdu ! que de discussions passionnées, ardentes, dont le pays se passerait volontiers !

Ces divers points de vue pourront être examinés sans danger, et ils le seront certainement. La loi Ernoul ne changera rien à l'importance des vœux dissolutionnistes. Cette loi, comme toutes les lois d'exception, tournera contre ceux qui l'ont voulue. Ce n'est pas par de semblables procédés qu'on modifiera les sentiments du corps électoral. La compression, la méfiance, n'ont jamais rapporté de bons fruits. La meilleure manière de gouverner, c'est de s'appuyer sur la volonté nationale. Tous les pouvoirs qni marchent contre elle, succombent. L'histoire est pleine de leçons de cette nature; comment donc ceux qui exercent l'autorité l'oublient-ils si vite?

Pour nous, qui avons foi dans la vitalité des principes démocratiques, nous attendons patiemment l'heure du salut.

Nous savons que le salut viendra.

La République n'est pas en péril.

25 juillet 1873.

## XXIX

### Le cléricanisme au pouvoir

Je me demande comment il se peut faire que tant de gens soient inquiets du sort de la République. Qu'y a-t-il donc à craindre? Est-ce que tout ne marche pas à merveille? Quel gouvernement nous serait plus propice que le gouvernement de combat? nous sommes la proie d'une réaction ardente, aveugle, implacable. Eh! tant mieux! Ainsi que j'avais l'honneur de l'écrire, il y a quelques jours, dans un journal parisien, les réactions excessives, par cela même qu'elles sont excessives, s'usent vite. Le pays se lasse, à la fin, et tourne brutalement le dos aux prétendus sauveurs qui s'imposent à lui. Il est clair que nous traversons une crise ; or, les crises ne sont jamais de longue durée. On ne vit pas de fièvre ; la fièvre n'est point un état normal. Les peuples, sous ce rapport, sont de même tempérament que les individus.

En fait, la situation est celle-ci :

La coalition des trois partis monarchiques a renversé M. Thiers, parce que M. Thiers avait le courage de dire que la République était désormais seule possible en France. Mais aucun des trois partis coalisés n'a pu prendre la corde assez sérieusement, pour se passer du concours des deux autres ; et ce sera ainsi jusqu'aux élections générales.

Je mets au défi le parti le plus fort, celui qui a les places, l'orléanisme, de renverser la République au profit de son roi. Les habiles qui le représentent sentent si bien leur impuissance qu'ils essaient, pour la centième fois, de la fusion. A l'heure où j'écris, ils envoient des entremetteurs à Vienne où se trouve le comte de Chambord. Mais la fusion est un rêve. Si elle réussissait (chose impossible !) les bonapartistes, « gens de bien » comme on sait, se ligueraient contre les conspirateurs ; ils ameuteraient la populace. Les partisans de « l'appel au peuple » ne sont pas tendres, allez ! A la restauration d'un pouvoir royal quelconque, ils préfèrent la République, parce que la République leur laisse au moins une espérance. Ils savent comment on s'en défait.

Ce n'est pas qu'ils soient fort à craindre : la honte de Sedan pèse toujours sur eux. Mais ils s'abusent, et ils font tant de bruit à la Chambre et dans leurs journaux, que l'on compte avec eux.

Donc, aucun parti monarchique, pris isolément, n'est en état de jeter par terre le régime actuel ; et comme, en définitive, le pays est républicain — ainsi que le prouvent toutes les élections partielles — je vis, pour ma part, dans une sécurité parfaite.

Savez-vous qui gouverne, en réalité, depuis tantôt trois mois ? Ce n'est ni le noble duc de Broglie, ni l'éloquent Beulé, ni son excellence Anselme-Polycarpe Batbie, ami du « lion populaire », ni le modeste Ernoul, fils de lui-même, — c'est le clergé ! Nous sommes conduits par l'ultramontanisme le plus pur.

Et je ne m'en plains pas ! La France de Voltaire est assez sceptique pour que les empiétements des fils d'Ignace de Loyola ne puissent nous porter ombrage. La réaction ne s'aperçoit pas qu'en s'appuyant sur les Jésuites, elle déraille. Elle ne voit pas qu'elle a pris le moyen le plus sûr de s'aliéner l'opinion publique. Je connais des gens qui n'eussent trop rien dit d'une restauration, et qui se fâcheront tout rouges le jour où l'on voudra les contraindre d'aller à la messe. Nous marchons tout droit à cela. La fermeture des magasins, par ordre de l'autorité, pendant les saints offices nous pend au bout du nez. C'est le commerce qui ne rira pas ! Songez donc ! ne plus vendre aux paysans qui descendent en ville ce jour-là ! Autant liquider tout de suite. Le boutiquier a peur. J'en pourrais nommer qui, déjà, ont été *invités* par le curé de leur paroisse à ne pas ouvrir leur magasin... pour donner le bon exemple. Il en est d'autres à qui l'on fait signer des engagements de respecter le repos du dimanche, sous peine de perdre leur plus fructueuse clientèle. Tous ces agissements nous servent. Les négociants qui ne peuvent faire autrement obéissent. Mais ils se vengeront au scrutin !

La réaction cléricale est évidemment la moins dangereuse de toutes, parce qu'elle répugne à l'esprit frondeur de la nation. Elle froisse les consciences, elle blesse les sentiments, elle apporte des entraves à l'indépendance individuelle ; ajoutez à cela que nous avons tous, instinctivement, une profonde antipathie pour la robe noire.

C'est pourquoi j'estime que le spectacle intéressant auquel nous assistons, est de nature à nous rassurer complétement. Plus les partis monarchiques se montreront complaisants pour les folles entreprises des fauteurs de miracles, et plus l'idée républicaine, synonyme de liberté, d'indépendance, de lumière, de raison, — s'affirmera dans l'opinion publique.

Courage donc, messieurs du *Syllabus!* Marchez rapidement dans la voie où vous êtes engagés; — ce sera le moyen d'arriver plus vite au bord du précipice!

Ainsi soit-il!...

1er août 1873.

## XXX

### M. Batbie et l'Instruction publique

M. Batbie est un grand ministre, — le plus grand peut-être de tous les ministres de *l'ordre moral.* Son récent discours en Sorbonne est le chef-d'œuvre des harangues... de combat! Rien n'y manque : ni les récriminations acerbes, ni les allusions à bout portant, ni les vives attaques contre le gouvernement tombé, ni les conseils d'obéissance absolue aux décisions de l'autorité, ni les invocations à la religion représentée par Marie Alacoque et M. de Belcastel. C'est complet, je vous le dis.

Vous l'avez tous lu, ce discours. Quel tact, n'est-ce pas? Quelle courtoisie surtout! Quel esprit fin! Quelle souplesse de langage! M. Beulé, l'orateur préferé du gouvernement, doit être dans la désolation. Mais qui eût dit cela de M. Batbie? Si gros et si éloquent tout à la fois! Et sans costume encore! Parler de la sorte en simple habit noir; — c'est beau!

Ce qui m'a surtout touché, c'est la péroraison. Comme les soutanes applaudissaient! Il y avait beaucoup de soutanes sur l'estrade. Les élèves restaient froids, le public fronçait le sourcil et *chutait* le ministre; mais les hommes à rabats frissonnaient d'aise. Si les bons abbés du *Progrès national* (1) s'étaient trouvés là, ils se seraient levés comme un seul homme pour absoudre le ministre de ses péchés d'autrefois. Car il a péché jadis, ce bon M. Batbie; il a été démocrate, républicain, radical, révolutionnaire... que sais-je? Mais il est des *raccommodements* avec le ciel. — Monsieur Batbie, vous serez certainement canonisé.

En somme, rien ne sera changé aux usages du

_______________

(1) Feuille cléricale publiée à Troyes.

bon vieux temps. Les élèves de nos lycées continueront à perdre leurs plus belles années en exercices inutiles et fastidieux. Le niveau intellectuel s'abaissera, en France, de plus en plus. Il n'est pas bon que l'esprit s'élève. Une instruction solide, bien conduite, développe dangereusement les intelligences. Cela ne fait pas le compte des inventeurs de miracles et des entrepreneurs de pèlerinages. La science est l'ennemie de la foi. Si l'on instruisait les générations nouvelles, est-ce que l'ultramontanisme dominerait les esprits ? est-ce qu'il s'emparerait facilement des consciences ? Un peuple qui *sait,* discute. Pie IX ne veut pas. Le mot d'ordre des Jésuites est celui-ci : « Obéis! » Et **M.** Batbie, fidèle écho de ses nouveaux maîtres, dit aux élèves des lycées : « Obéissez, jeunes gens! »

Mais M. Jules Simon a été ministre, malheureusement. Il a éveillé, dans ces jeunes têtes, de folles aspirations ; et (voyez le triste résultat du passage au ministère d'un homme d'État voltairien!) un formidable cri de : Vive la République! a répondu aux doucereuses avances du Grand-Maître de l'Université. Il était vraiment temps que « l'ordre moral » arrivât aux affaires.

Encore quelques années, et nous étions irrévocablement perdus.

Trêve de plaisanterie! La question est plus haute qu'elle ne le paraît peut-être, et ce n'est pas sans épouvante que, pour ma part, je mesure la profondeur de l'abîme dans lequel essaie de nous plonger le gouvernement de la coalition monarchico-cléricale. Une génération mal élevée est une génération perdue. Pendant qu'autour de nous les nations s'élèvent, la France demeure stationnaire, immobile. Nous pouvions répandre à flots la lumière, nous ne le faisons pas. Instruits par nos récents malheurs, instruits par l'expérience, nous pouvions, en peu d'années, regagner le terrain perdu. Les *gens de bien* sont venus, et au nom du *Syllabus,* leur code, ils nous commandent de ne pas aller plus loin.

« Reste dans ton bourbier, peuple ambitieux. L'ignorance est la plus sûre garantie—pour ceux qui gouvernent—d'une soumission absolue. »

Un de mes lecteurs du département de l'Aube m'écrit justement à ce sujet. Il regrette comme moi l'esprit d'aveuglement qui porte le gouvernement nouveau à rejeter de son programme toutes les réformes utiles auxquelles s'était arrêté le gouvernement précédent. Sans doute, M. Batbie n'ose pas avouer qu'il repousse certaines innovations devenues indispensables, — mais il s'arrange de telle façon que, dans la pratique, les résultats seront pour ainsi dire nuls.

Je laisse la parole à mon honorable correspondant :

« M. le ministre de l'Instruction publique est animé de bonnes intentions, il faut le supposer ; il a le désir de fortifier les études, nous devons le croire ; mais il n'a pas, peut-être, pesé toutes les promesses qu'il a faites. On va rétablir dans les lycées les exercices supprimés ou diminués par M. Jules Simon, et, d'un autre côté, on ne doit pas toucher aux innovations heureuses introduites depuis un an, par exemple : le développement de l'étude des langues vivantes, de la géographie et même l'exercice des armes. Rien de mieux. Seulement, une petite objection se présente : le temps, où le trouver ? M. Duruy avait déjà signalé l'excès de travail dans nos établissements scolaires. On est loin de songer à faire une diminution. Mais croit-on que le cerveau des jeunes gens pourra absorber cette pâture ? Il ne faut pas songer à nourrir l'esprit de la jeunesse par de longues et fortifiantes lectures. Tout se passera, plus que jamais, dans de petits exercices d'un goût douteux ; on apprendra péniblement des mots, on exercera surtout la mémoire ; le temps manquera pour la réflexion. C'est le programme des Jésuites qui sera mis en vigueur ; de la petite latinité bien élégante, bien peignée, où une forme de convention cachera le vide des idées. Avec cela, on protége l'ordre moral.

» M. le ministre a parlé du respect de l'autorité et de la déférence pour les maîtres. M. le ministre doit savoir que les lycées et colléges de la République donnent l'exemple à ces divers points de vue.

» M. le ministre a dit, presque en bons termes, que la jeunesse devrait se préparer aux luttes de l'avenir, afin de prouver que notre patrie n'est pas en décadence, comme quelques-uns le pensent ; c'est très-bien, mais pour se préparer à jouer un rôle, pour être propre à figurer sur la scène des affaires publiques ou politiques, faut-il encore savoir sous quel drapeau l'on servira ; faut-il encore connaître l'histoire *réelle* et non l'exposé fantaisiste de ce qu'on appelle nos « gloires militaires. » Le récit d'une bataille ne fait pas battre le cœur, quand cette bataille est livrée en faveur du despotisme contre la liberté.

» Sans doute M. Batbie ne pouvait parler de la République (ô mon correspondant, quelle ironie !) mais rien ne l'empêchait de se prononcer pour un enseignement sincèrement libéral. Il ne l'a pas fait, c'est ce que nous regrettons, car la jeunesse de nos écoles l'aurait très-bien compris et, peut-être, ne lui aurait pas marchandé de chaleureux applaudissements. »

Voilà qui est bien pensé et bien dit.

N'importe ! M. Batbie est un grand ministre, — et M. Blavoyer est son prophète !....

8 août 1873.

# XXXI

## Les conjurés. — Attitude du ministère

Il est hors de doute que les coalisés du 24 mai — je n'en excepte aucun — conspirent contre l'ordre de choses établi. La façon dont on s'y prendra pour renverser malproprement la République ne fait plus même question. Le programme est connu. Les gens qui, malgré leurs promesses et leurs professions de foi, se livrent à cette repoussante besogne ne sont pas, à vrai dire, des conspirateurs ; ils travaillent au grand jour ; — ce sont des *conjurés*.

Par exemple, ce sont des conjurés de bonne compagnie. Les uns s'intitulent princes—princes de sang royal : d'autres sont ducs, marquis, comtes ou barons. Il y a des roturiers aussi ; la roture est ambitieuse parfois. Ceux-là sont simplement *dévots*. M. Ernoul, par exemple, n'est pas noble ; mais il croit au *Syllabus*. Le fanatisme ultramontain tient lieu de quartiers.

Ah ! çà, messieurs les entrepreneurs de restauration, est-ce que vous vous imaginez, par hasard, que la France voit d'un bon œil vos machinations ? Nous prenez-vous pour un bétail ? Est-ce qu'on nous transmet, nous autres, comme un troupeau de bœufs ou de moutons ? Ce que vous ferez sera défait ; nous ne sommes ni à louer, ni à vendre. On ne dispose pas d'une nation malgré elle.

Parce que deux princes se sont dit des politesses et ont fait mine de se raccommoder pour se mieux disputer le gâteau, les meneurs de la chose, les metteurs en scène se figurent que tout va marcher comme sur des roulettes ! C'est une grosse erreur, mes bons messieurs ! Si vous étiez patriotes, si seulement vous étiez prudents, vous vous garderiez bien de monter ce vilain coup-là. Je puis vous prédire qu'il ne vous profitera pas.

Et d'abord, vos deux chefs de file ne sont pas aussi *cousins* qu'ils ont la prétention de vous le laisser croire. La politique les divise ; ce n'est pas sur ce terrain qu'ils se sont entendus. Ils se sont accordés sur la question du *Sacré-Cœur* et se sont embrassés en Marie Alacoque, voilà tout. Pour le reste, rien n'est conclu. Je soupçonne même que chacun des deux « loyaux » parents tend un piége à l'autre. C'est ce que l'avenir, un avenir certainement prochain, nous apprendra.

Si la France n'était pas profondément républicaine, et si, d'autre part, deux prétendants au même trône étaient capables de s'aimer pour de bon, je pourrais me sentir inquiet. Mais nous ne sommes ni en 1830 ni en 1848. Au cas où, par surprise ou par force, la monarchie du Sacré-Cœur nous serait imposée, ce ne serait pas pour longtemps. Elle succomberait, au bout de quelques jours, sous le poids de la réprobation publique. M. Thiers l'a dit avec raison : essayer de rétablir la monarchie, c'est précipiter la France dans une série de désastres auxquels nos récents malheurs ne sauraient être comparés ; c'est rendre presque certaine la guerre civile. Si je crains quelque chose, ce n'est donc pas le retour aux institutions du passé, mais les conséquences du coup de force dont on nous menace.

Homme d'ordre et de paix, je veux pour mon pays le gouvernement de son choix. Qu'on le consulte ! qu'on lui permette d'élire à nouveau des représentants qu'il chargera de prononcer en son nom ! Est-ce donc se montrer révolutionnaire, que d'en appeler au suffrage universel ?

Ce qui me surprend par-dessus tout (car je ne veux douter de la bonne foi de personne), c'est l'attitude beaucoup trop complaisante du ministère présidé par M. le maréchal de Mac-Mahon. On interroge M. Beulé sur les manœuvres du parti monarchique, et M. le ministre de l'intérieur répond que ces intrigues se pratiquant en dehors de lui, les résolutions qui peuvent être prises dans les conciliabules princiers ne le regardent pas.

Mais, bon ministre, orateur illustre, lorsque

M. Gambetta — qui vous touchait de moins près que les princes d'Orléans et vos amis de la droite — prononçait quelque part un discours que n'avait certes pas inspiré M. Dufaure, vous n'hésitiez pas à l'imputer à crime au gouvernement de M. Thiers. Vous interpelliez le président d'alors et l'accusiez de laisser compromettre l'ordre public. Or, lorsque, à votre nez et à votre barbe, au nez et à la barbe du gouvernement qui a promis de maintenir intactes les institutions existantes, on travaille à renverser le régime au nom duquel vous détenez le pouvoir; lorsque, sans dissimuler le but que l'on poursuit ni les moyens que l'on compte employer pour réussir, on prépare à la France le plus épouvantable des cataclysmes, — vous osez prétendre que cela ne vous regarde pas !... Mais n'avez-vous pas juré de nous donner l'ordre? N'est-ce pas au nom de l'ordre menacé que vous avez renversé le « petit bourgeois?... » Eh bien, donnez-nous l'ordre, donnez-nous la sécurité, assurez-nous le repos, — c'est votre devoir.

Comme tout est changé, depuis quelques mois! Aujourd'hui, quand un ministre parle, c'est comme s'il ne disait rien. Le vice-président du conseil, duc de Broglie, prononce à Lyon des paroles qui, dans sa bouche et à cause de la haute situation qu'il occupe, ont tout le caractère d'une menace, — et nous n'avons pas le droit de savoir quelle portée leur donne celui dont elles expriment la pensée secrète! Je vous dis que tout est changé. Le pays, au nom de qui votent ceux qui votent et gouvernent ceux qui gouvernent, ne doit pas même demander où on le mène; il est le subordonné de ses mandataires, il est la chose de ses délégués.

Ah! monsieur Batbie, quel beau thème à développer pour vous, si seulement nous étions encore en l'an d'hypocrisie 1848! Comme vous auriez beau jeu, n'est-ce pas? Il me semble entendre vos belles et frémissantes tirades sur le réveil du *lion populaire*!...

Mais nous avons vécu, mais nous avons vieilli; nous sommes en 1873 — et vous êtes ministre, monsieur Batbie!

Encore une fois, tout est bien changé!

15 août 1873.

# XXXII

## Tentative de fusion. — Avortement

Il nous arrive de Frohsdorff une nouvelle prévue: la fusion a échoué.

Est-ce qu'elle était possible vraiment? Quel homme sensé pouvait y croire? On s'est brouillé sur la question du drapeau.

Voilà maintenant l'Orléanisme dans de beaux draps! C'est en vain que le comte de Paris aura fait amende honorable; c'est inutilement qu'il aura piétiné sur le corps de son aïeul, renié son grand-père, déchiré le testament de son père, le duc d'Orléans, et méconnu les conseils de sa mère mourante. Tout cela n'aura servi qu'à montrer l'excessive souplesse et l'inconcevable servilité de ce caractère ambitieux.

S. M. le « roy » tient à son drapeau blanc, symbole du vieux monde; cela se conçoit. J'imagine que le comte de Paris eût, sans trop de scrupules, déchiré son étendard aux trois couleurs; quand on a fait tant de concessions, une de plus ne doit pas coûter beaucoup. Mais les partisans s'y sont opposés. Diables de partisans! J'avais donc raison de soutenir, il y a huit jours, que si les deux princes s'étaient embrassés, ceux qui tiennent pour eux ne les avaient pas suivis sur le terrain passablement *embroussaillé* de la réconciliation.

Je sais bien qu'il y a des gens qui prétendent que les génuflexions du petit-fils de Louis-Philippe n'étaient que des génuflexions pour rire; que son voyage en Autriche n'a été que pure comédie de sa part; qu'il n'a salué respectueusement son cousin que pour la *frime*, — histoire de prouver aux légitimistes eux-mêmes que lenr prince est impossible. On ajoute que toutes les phases de ce grand acte ont été calculées d'avance; qu'on n'ignorait pas que l'accord cesserait d'exister le jour où la couleur du drapeau serait mise sur le tapis. Soit. Mais cela ne témoigne guère, il me semble, en faveur de la loyauté des princes d'Orléans. Quelle confiance pouvons-nous avoir en une famille qui se prête à de pareilles manœuvres? Si la France se livrait à des ambitieux de cet acabit, elle serait, j'ose le dire, bien coupable ou bien aveugle.

Elle ne le fera pas. Il est temps que nous soyons gouvernés d'une façon honnête.

La probité, en politique, est un élément d'ordre et de sécurité. Hors de là, il n'y aura jamais pour nous qu'incertitude, appréhension, terreur vague du lendemain. Est-ce qu'une nation peut vivre et prospérer, quand son avenir est perpétuellement remis en question ?

Un prince qui n'a ni franchise, ni principes arrêtés, n'offre point de garanties. Rappelons-nous Napoléon III qui, sur le point de devenir empereur, s'écriait à Bordeaux : « L'empire, c'est la paix ! »

Nous avons vu comment l'empire était la paix.

Les d'Orléans nous montrent que leur parole n'a pas plus de valeur que celle de l'homme de Sedan.

Après avoir juré qu'ils rentraient en France

comme simples citoyens et ne se poseraient jamais en prétendants, ils s'abouchent avec les restaurateurs de monarchie pour relever, contre la volonté évidente du pays, un trône trois fois renversé.

Après avoir déclaré que ceux d'entre eux qui avaient été nommés députés ne siégeraient pas si l'Assemblée nationale consentait, par déférence pour eux, à valider leur élection, — ils viennent, le lendemain, prendre place au milieu des représentants du peuple.

Et quand la France se saigne pour payer à l'Allemagne les milliards que lui coûte la dernière guerre, ils osent, eux, en un moment pareil, se faire payer les millions qui leur sont dus ! — Comme ils sont francs, ces princes ! et comme ils aiment leur pays, n'est-ce pas ?

Cependant, c'est au profit de ces hommes que la majorité des monarchistes va travailler désormais. Le comte de Chambord refusant toute espèce de transaction, va manœuvrer dans l'intérêt et pour le compte de *Monseigneur* le comte de Paris, — retour de Frohsdorff. Si d'aventure on s'aperçoit que le chef de la branche cadette est, pour le moment, trop compromis, on se rejettera sur le duc d'Aumale.

Voilà le plan.

Eh bien, nous pouvons le déjouer ; il ne faut pour cela qu'un peu de bonne volonté et de patriotisme.

La fusion royaliste n'ayant pas abouti, il faut que la fusion républicaine se fasse.

Que les trois fractions les plus importantes de l'Assemblée nationale : la gauche radicale, la gauche républicaine et le centre gauche se réunissent pour conjurer le danger, et les tentatives des monarchistes coalisés échoueront piteusement.

Mais sur quel terrain pourra être faite la conciliation de ces groupes, que divisent tant de préventions et de méfiances réciproques? Je reconnais que ce n'est pas sur le terrain de l'organisation de la République. Sur ce point, on ne s'entendrait guère ; les uns voulant trop, les autres trop peu.

Devant les intrigues des partis monarchistes, et pour mettre fin aux incertitudes dont souffre le pays, il est une question qui ne saurait, à l'heure où nous sommes, rencontrer de résistance sérieuse de la part d'aucun des hommes qui ont vraiment souci du repos de la France.

C'est la question de dissolution.

Quand l'Assemblée se réunira de nouveau, quand on verra quels dangers font courir à l'ordre public les convoitises des pourchasseurs de liste civile, on comprendra, je l'espère, la nécessité d'en appeler au suffrage universel. On ne voudra pas livrer nos destinées aux hasards d'une surprise, mettre le sort de la France à la merci d'une majorité de deux voix.

9.

Ceux qui, au commencement de cette année, repoussaient comme impolitique la dissolution à bref délai de la Chambre actuelle, reconnaîtront qu'il est temps d'en finir.

Que la dissolution devienne donc, dès la rentrée, le mot d'ordre de toutes les fractions républicaines de l'Assemblée. Dans une crise aussi périlleuse que celle que nous traversons, il n'y a qu'une solution honorable : l'appel au pays.

Si le centre gauche consent, nous sommes sauvés.

Pourquoi M. Casimir Périer, dont l'influence est grande, ne profiterait-il pas des vacances pour s'expliquer à ce sujet? Son adhésion serait d'un grand poids. Je lui demande de vouloir bien dire s'il consentirait à réserver les questions d'organisation républicaine — sur lesquelles la division est inévitable — pour demander, d'accord avec les autres groupes, la convocation d'une Assemblée nouvelle chargée de prononcer souverainement et définitivement.

Nous n'avons pas, je crois, d'autre planche de salut. J'en suis si convaincu que je ne pense pas, lorsque vont avoir lieu les élections partielles pour les siéges actuellement vacants, qu'il y ait autre chose à demander aux candidats que ceci : « Etes-vous *pour* ou *contre* la dissolution immédiate de l'Assemblée? »

Etre *pour*, équivaut à se prononcer en faveur

de la République; — être *contre*, revient à s'a-
vouer monarchiste.

Quiconque, à cette heure suprême, sollicite
l'honneur d'être élu député, ne doit désirer en‑
trer à la Chambre que pour en sortir au plus
vite.

Je supplie les électeurs de l'Aube d'y songer,
lorsque — bientôt — se présentera pour eux
l'occasion d'envoyer un nouveau mandataire
siéger sur les banquettes du théâtre de Versailles.

22 août 1873.

## XXXIII

### Deux discours de M. de Broglie

Il faut que les chances de restauration monarchique aient singulièrement baissé depuis quelque temps, pour que M. le duc de Broglie —qui
n'est pas un maladroit — ait déjà commencé
son mouvement de retraite. Quelle différence
entre le discours de Lyon et celui d'Evreux! A
Lyon, ils s'agissait encore de tout pourfendre;
le ministre ne parlait de rien moins que d'un
« duel à mort contre les radicaux »; et voilà

que maintenant, après quelques semaines de mûres réflexions, on en revient au langage mesuré, prudent, presque patelin. Le radicalisme n'a plus rien à craindre, on n'en veut pas aux « opinions ». A-t-on jamais pu supposer d'aussi méchantes intentions au gouvernement dont fait partie M. Beulé? Ce sont les « principes subversifs de tout ordre et de toute liberté » que l'on poursuit, rien de plus. Voilà qui est clair, n'est-ce pas? Du reste, cela doit être très-clair puisque c'est M. de Broglie lui même qui parle.

Quoi qu'il en soit, nous assistons à de singulières palinodies. Ce brusque revirement du plus autorisé des ministres me paraît un signe non équivoque du profond désarroi dans lequel sont tombés les fusionnistes de toute couleur. Les coalisés perdent pied, ils sentent trembler le sol sous leurs pas ; les princes se réconcilient, mais les partisans continuent de se regarder en chiens de faïence. Après comme avant l'entrevue de Frohsdorff, l'accord reste à faire. Mon Dieu! que la République a donc la vie dure !

Bref le « gouvernement de combat » qui voit combien la tâche qu'il avait entreprise est difficile, cache prudemment son grand sabre ; il remet au fourreau sa bonne rapière de Tolède. Ce n'est pas le moment. Les populations sont irritées ; dans quelques jours le territoire sera complétement évacué; on ne sait pas ce qui pourrait arriver.

Et puis, le malheur veut qu'on ait choisi pour chef du pouvoir exécutif, un maréchal de France honnête homme, pour qui une parole donnée est un engagement sacré. C'est gênant au possible; car enfin, ce maréchal tient l'armée, — et il ne veut pas du drapeau blanc! Sur qui compter maintenant pour un coup de force ou un habile escamotage? Si un vote de l'Assemblée nationale, proclamant la monarchie à trois ou quatre voix de majorité, force le maréchal de Mac-Mahon à se retirer du gouvernement, n'est-il pas à craindre que l'armée n'éprouve la même répulsion que l'illustre soldat? Tout cela donne à réfléchir.

Ne soyons donc pas surpris de la nouvelle attitude de M. de Broglie.

La fusion ayant échoué, la monarchie devient plus que jamais impossible. Le vice-président du conseil paraît l'avoir compris, et c'est, à mon point de vue, la seule explication raisonnable qu'on puisse donner du discours d'Évreux — si différent de celui prononcé à Lyon.

Mais n'admirez-vous pas comme moi l'étonnante dextérité de certains hommes politiques à retourner — je ne dis pas leur habit — mais leurs paroles? Quelle souplesse! Quelle complaisance de caractère! Il y a quinze jours, le vent était à la monarchie, et les républicains de principes étaient vilipendés de la plus étrange façon; tout d'un coup le décor change, il se répand que la capitulation du comte de Paris n'a eu d'autre résultat que de tuer l'Orléanisme sans ajouter aux chances de la légitimité, et sans transition aucune, on nous déclare que « les opinions » — y compris naturellement l'opinion républicaine radicale — méritent tous les respects! J'en suis tout ébaubi!

Mais c'est M. Parigot qui ne va pas être content! ni M. Blavoyer non plus! car enfin, l'*Union* (à moins que ce ne soit le *Monde*), le disait l'autre jour : « Si la monarchie n'est pas faite avant le 15 novembre, c'est la République définitive qui va sortir logiquement, inévitablement de la situation. » Y songe-t-on bien? Quelle fatalité désespérante! Voilà deux « honorables » (pour ne parler que de ceux-là) qui ont renversé M. Thiers, sous prétexte que ce révolutionnaire à tous crins voulait organiser la République conservatrice... des abus et des institutions monarchiques, et ils vont avoir la République vraie, la République *avec* et non *contre* les républicains. C'est l'abomination de la désolation!...

Eh bien! oui, messieurs de la droite cléricale, c'est ainsi que, malgré toutes vos habiletés, vont tourner les choses. Il ne vous appartient pas de faire rétrograder le monde ; les événements sont plus forts que vous. A supposer, ce dont je doute, que vous trouviez à Versailles une majorité de quelques voix pour proclamer le rétablissement de la monarchie en France, la monarchie ne serait pas fondée pour cela. Vous vous trouveriez en présence des populations qui protesteraient et refuseraient de ratifier votre vote imprudent. Vous soulèveriez des colères que je ne vous conseille pas d'éveiller. D'autres l'ont dit, et je le répète après eux, vous nous conduiriez, en persistant, à la guerre civile. Cela n'est pas une menace, c'est un avertissement.

Vous êtes, messieurs les députés, au milieu de vos électeurs : rassemblez-les, consultez-les. Si vous aimez la France, ne la jetez pas dans les aventures. Vous avez reçu mandat de ramener l'ordre et la prospérité, n'ouvrez pas la porte à de nouvelles révolutions. Vos propres intérêts sont engagés. La monarchie, c'est l'émeute dans la rue ou la guerre avec l'étranger? Vous plaît-il que nous ayons à lutter contre l'Italie et la Prusse réunies? N'avons-nous pas assez perdu de l'Alsace et de la Lorraine? Bismarck nous guette, il attend votre « roy. » Le vautour n'a pas toute sa proie. Il regrette Belfort, il regrette les Vosges. Prenez garde!...

J'en appelle à votre patriotisme, si je ne puis en appeler à vos opinions; j'en appellerai, s'il le faut à votre fortune et à vos intérêts menacés. Il est bon, sans doute, quand on croit au Sacré-Cœur et à Notre-Dame de Lourdes, de s'armer en guerre pour le pape; mais avant Rome, il y a la France. Vous êtes les députés de la France et non ceux du Vatican. Vous n'avez pas reçu mission de relever le trône de Pie IX.

Ne dites pas qu'il ne s'agit en aucune façon de déclarer la guerre à l'Italie; vous savez comme moi — les journaux de votre parti le répètent assez — que le rétablissement du trône équivaut à une déclaration de guerre. Un des ministres de Victor-Emmanuel le proclamait hautement, il y a peu de jours, à la tribune du parlement italien. Donc point de doute.

Au nom de la paix publique, au nom de la paix avec l'étranger, il vous est interdit de restaurer la monarchie !

29 août 1873.

## XXXIV

### Les pèlerinages politiques

Je ne sais pas pourquoi les affaires restent aussi longtemps dans le marasme et la stagnation; il faut que messieurs les commerçants y mettent de la mauvaise volonté. La France,

il me semble, devrait se sentir heureuse et fière
d'être gouvernée par un homme politique de la
force de M. de Broglie. Elle nage en plein ordre
moral. Les journaux subversifs tombent les uns
sur les autres comme de simples châteaux de
cartes. C'est charmant.

A-t-on jamais vu pouvoir plus fort ? Il n'y a
plus de lois. L'état de siége existant à peu près
partout, les préfets ordonnent ce qu'ils veulent ;
ils sont tout-puissants. Aucune monarchie
n'offrirait de pareils avantages. Je vous dis que
le commerce et l'industrie sont dans leur tort !
Cette bouderie des affaires n'a pas le sens commun.

Pour ma part, je ne me lasserai jamais d'ad-
mirer l'incomparable habileté du ministère que
représente si dignement M. Beulé, et dont
M. Ernoul lui-même est un des plus beaux orne-
ments. Ce qui me ravit par-dessus toutes choses, c'est la logique étonnante qui préside aux
résolutions de ce cabinet vraiment providentiel.

La République est le gouvernement légal du
pays. C'est grâce à la République que MM. de
Broglie et Beulé sont ministres ; c'est au nom
de la République que la justice est rendue ; —
naturellement MM. Beulé et de Broglie ont interdit de fêter, si modestement que ce fût, l'an-
niversaire du 4 septembre.

En revanche, on crie impunément : « *Vive le
roi !* » dans les rues.

Il y a mieux. Non-seulement les cris de : *Vive le roi! Vive Henri V!* sont tolérés, mais la police protége ceux qui les profèrent. On a même vu, récemment, d'honnêtes citoyens condamnés par les tribunaux correctionnels pour avoir hué, au passage, les séides du droit divin.

Ce n'est pas tout : quand on est logique de cette façon, on ne saurait l'être trop. C'est pourquoi M. Beulé ne se gêne pas.

Il est de jurisprudence en France — et, je crois, un peu partout — que « nul n'est censé ignorer la loi. »

Or, désirant savoir sous quelle législation ils vivent pour le moment, les conseillers généraux de l'Yonne font demander si leur département est en état de siége.

— Cela ne vous regarde pas! répond fièrement M. le ministre de l'intérieur.

Attrape ! département de l'Yonne!

Je vous demande aussi de quoi se mêlent les conseillers généraux ? Qu'ils s'occupent de rentrer leurs récoltes, s'ils sont agriculteurs, ou de toucher leurs fermages, s'ils sont simplement propriétaires, et qu'ils laissent le gouvernement tranquille ! Est-ce que le ministère du 24 mai n'est pas exclusivement composé de « gens de bien ! » Est-ce que les préfets ne veillent pas à la bonne exécution des arrêtés qu'il leur passe par la tête de rendre ? Est-ce que le clergé —

cher à M. Ernoul — n'est pas libre de traiter les républicains de « canailles » et « d'énergumènes, » comme l'ont fait certains évêques qu'il me serait facile de nommer, et comme le font tous les jours, à Troyes, vos abbés du *Progrès national?* Est-ce que les pèlerins ne circulent pas à leur aise, partout où il leur plaît d'aller? Est-ce que, à Paris même, lorsque ces fanatiques de mademoiselle de la Merlière et de Marie Alacoque, descendent, par exemple, du chemin de fer de l'Ouest, à la gare Saint-Lazare, la circulation n'est pas interdite, même aux voitures pressées, le long de la rue d'Amsterdam ? Ne sont-ce pas là des garanties suffisantes?

M. Beulé — dont l'éloquence rendrait des points à celle de Cicéron — a donc bien fait de mettre à leur place ces indiscrets qui ont besoin ce savoir sous quel régime ils vivent.

Je dois reconnaître pourtant que cette façon d'agir n'est pas tout à fait exempte d'inconvénients. Ainsi, M. de Broglie (prononcez *de Breuil* sans demander pourquoi), dès son entrée au pouvoir, s'est empressé d'expédier une circulaire à tous nos agents diplomatiques pour rassurer les puissances étrangères. Lui, duc de Broglie, déclarait hautement que l'ordre public était gravement menacé en Europe par les agissements de M. Thiers, mais que son arrivée au ministère allait changer tout cela; qu'il allait sauver la France et le monde, et que désormais une entente cordiale régnerait entre toutes les nations. Rois et peuples se frottaient les mains de contentement. Mais voilà qu'un point noir, très-noir même, monte à l'horizon.

Le gouvernement issu de la coalition a tant et si bien favorisé les menées royalistes et les pèlerinages, il a montré tant de complaisance pour les tentatives de restauration monarchique en faveur d'Henri V, — fils soumis de Pie IX, — que Victor-Emmanuel, piqué au jeu, se décide, après de longues hésitations et sur l'avis de son cabinet, à partir pour Berlin; où l'attendent l'empereur Guillaume et son fidèle Bismarck. On nous promettait la paix, et la guerre se prépare contre nous. On annonçait avec emphase que l'ordre moral ne serait troublé nulle part, et la confiance qu'inspire l'ordre promis par M. de Broglie, pousse une nation voisine à se jeter dans les bras de notre plus implacable ennemi! Un pareil résultat ne manque pas que d'être... embarrassant.

Il se pourrait même faire — j'y songe à présent! — que l'industrie française ait pris peur, comme Victor-Emmanuel, de cette façon bizarre d'entendre « l'ordre moral, » de la sympathie par trop avérée du gouvernement nouveau pour les intrigues royalistes, de la rigueur excessive déployée contre les républicains les plus conciliants, et peut-être devons-nous attribuer à ces causes, aussi diverses que peu rassurantes, le ralentissement de plus en plus accentué qui se manifeste dans les relations commerciales de notre pays avec l'étranger — et avec nous-mêmes.

C'est égal, gouverner et être gouverné monarchiquement, je veux dire suivant la formule chère aux hommes d'ordre, et ne pas mieux réussir que cela, il faut que le guignon s'en mêle! Mais un moyen nous reste de sortir de cette situation troublée; je l'indique à tous ceux qui vivent de leur travail. — Bientôt la France, sur dix points différents, sera appelée à faire connaître ses volontés. Eh bien! qu'elle signifie leur congé aux conspirateurs monarchiques et cléricaux qui troublent sa sécurité; qu'elle affirme hardiment ses sympathies républicaines; qu'elle se prononce pour une prompte dissolution de l'Assemblée nationale! Nous n'avons d'autre issue que celle-là.

Des élections prochaines va dépendre, peut-être, le salut du pays!

5 septembre 1873.

# XXXV

## Le mandement de l'archevêque de Paris

Lorsque, l'an dernier, quelques députés radicaux — qui ne relevaient que d'eux-mêmes — utilisaient le temps des vacances parlementaires à préparer dans les départements la campagne dissolutionniste dont nous nous souvenons tous, les hommes qui composent aujourd'hui le grand parti de l'ordre, à commencer par M. le duc de Broglie, vice-président du conseil des ministres, rendaient hautement M. Thiers et son gouvernement responsables de cette agitation passagère, et leur adressaient à ce sujet les plus vifs reproches.

En vain M. Dufaure répondait qu'il n'avait pas soufflé les discours prononcés par M. Gambetta et ses amis, qu'il n'en pouvait être solidaire, qu'il blâmait lui-même très-sévèrement (tout en reconnaissant le droit strict des pétitionnaires), ces manifestations selon lui intempestives; il avait beau créer, par l'entremise des préfets, toutes sortes d'entraves à la libre circulation des listes, rien n'y faisait; M. de Broglie, M. Batbie, M. Ernoul, et à leur suite, tous les députés bien pensants, tels que l'honorable M. de Larochefoucauld-Bisaccia et votre illustre Blavoyer, protestaient avec une énergie superbe contre cette impertinente fin de non-recevoir.

L'infortuné garde des sceaux se justifiait de son mieux, mais il ne réussissait à convaincre personne.

« Vous êtes responsable de ce que vous n'empêchez pas ! » lui criait-on de toutes parts.

Or, voilà qu'aujourd'hui, le plus autorisé des évêques, parlant au nom de l'épiscopat, au nom des royalistes de France, au nom du parti ultramontain, si puissant à l'Assemblée nationale, menace d'une guerre implacable le souverain d'une nation qui fut longtemps notre amie et ne demanderait qu'à se rapprocher de nous ; — si bien que la haine va succéder à l'amitié et qu'une alliance offensive et défensive va être conclue, entre Victor-Emmanuel, roi d'Italie, et l'empereur Guillaume dont le dernier soldat, à l'heure où se produit cette bravoure insensée, n'a pas même quitté le sol mutilé de notre patrie vaincue.

La violence de langage employée en cette occurrence par M. l'archevêque de Paris est telle, que tous les journaux italiens qui avaient publié son imprudente attaque ont été saisis, et que, de plus, le territoire italien a dû être interdit aux feuilles étrangères qui en reproduisaient le texte.

Aucun acte ne pouvait être plus coupable. Et si l'on considère l'excessive tolérance dont jouit le clergé français depuis l'avénement au pouvoir des coalisés du 24 mai, aucune publication ne pouvait engager plus gravement la responsabilité du ministère présidé par M. de Broglie.

Les évêques sont à la solde de l'Etat ; ils sont fonctionnaires publics. Le concordat leur interdit toute immixtion dans les affaires politiques du pays. S'ils s'écartent de leur devoir, le ministre des cultes est tenu de les rappeler à la stricte observance des obligations qui leur sont imposées.

Plus qu'un député, un évêque est sous la dépendance du gouvernement.

Cela saute aux yeux, n'est-ce pas ? Il n'est personne qui ne comprenne que s'il est difficile à un ministre d'accepter la responsabilité des paroles prononcées par un représentant du peuple, libre de ses opinions, il n'en saurait être de même lorsqu'il s'agit d'un prélat nommé par le pouvoir et qui, chaque mois, émarge au budget en raison des fonctions publiques qu'il exerce.

Telle est cependant l'étrange doctrine qu'ose soutenir le gouvernement des « gens de bien ».

Interpellé à propos du récent mandement de l'archevêque de Paris, M. de Broglie — le même qui rendait M. Dufaure moralement solidaire des discours de Gambetta, — M. de Broglie répond :

— Cela ne me regarde pas!

Le gouvernement est étranger aux mandements des évêques ; soit. Je reconnais que les ministres ne sont pas derrière ces hauts et puissants seigneurs au moment où ils rédigent, pour leurs ouailles, les manifestes politiques qui trahissent la pensée secrète du parti cléricomonarchique qui domine à l'Assemblée de Versailles ; mais le caractère dangereux de ces documents étant connu, je maintiens que le gouvernement qui ne sévit pas, qui ne proteste pas au moins, endosse une part de responsabilité.

Et je renvoie à M. de Broglie la verte réplique que lui ou les siens adressaient jadis à M. Dufaure :

— Vous êtes solidaire des actes que vous ne réprimez pas : votre silence ressemble à de la complicité.

Il faut bien que les indifférents qui regardent tranquillement passer, sans que leur conscience se soulève, les processions de pèlerins qui sillonnent la France, sachent une chose :

— C'est que ces pèlerinages ne sont pas simplement des actes de dévotion ; ce sont des manifestations politiques dont le but est de mettre en évidence l'hostilité haineuse d'une partie de la France contre le roi d'Italie, et dont la conséquence sera de nous jeter (avant qu'il soit long-temps peut-être), dans les hasards d'une guerre épouvantable.

Ces processions insensées sont des menaces; elles s'attaquent au gouvernement d'un peuple ami. Songeons-y bien tous !

On me taxera peut-être d'exagération, mais je sais ce que je dis. S'il pouvait y avoir doute dans l'esprit de quelqu'un, il suffirait à ce quelqu'un-là, pour être sûr que je n'avance rien au hasard, de lire pendant quelques jours l'*Univers*, organe officiel des évêques, et moniteur accrédité des pèlerinages.

Un pourfendeur bonapartiste ayant demandé, l'autre jour à cette pieuse feuille quels conseils elle donnerait au gouvernement, dans le cas où la pression morale ne suffirait pas pour décider Victor-Emmanuel à rendre Rome au Pape, le journal de Veuillot ne s'est pas fait prier pour dire sa pensée.

Voici en propres termes, comment il s'est exprimé :

A cette question : « Si pourtant ces moyens
» (les moyens moraux) ne réussissaient pas,
» conseilleriez-vous d'employer la force et de
» déclarer la guerre? Sans hésiter, nous répon-
» drons : OUI. »

Ou ne saurait être plus clair.

Donc, braves paysans qui suivez votre curé dans ses pérégrinations à travers les villes; dévots naïfs qui acclamez le drapeau blanc et criez : Vive Henri V! Bourgeois paisibles qui regardez curieusement se dérouler les processions de pèlerins affublés de médailles, n'oubliez pas que ces malencontreuses provocations ont un but, qu'elles sont politiques avant d'être religieuses et qu'elles ameutent contre vous deux puissances voisines : l'Italie et l'Allemagne.

Vous venez de perdre deux provinces et de payer dix milliards, frais de guerre compris! — Voulez-vous recommencer?

A votre aise!... s'il vous plaît, par amour du *Syllabus,* de consommer votre ruine, celle de vos enfants et celle de votre pays par-dessus le marché.

12 septembre 1873.

# XXXVI

### Les élections partielles

M. le duc de Broglie, M. Ernoul, M. Beulé et autres gens de bien, s'étant chargés, il y a quelques mois, de rétablir l'ordre moral compromis par le gouvernement de M. Thiers, et la France — sous l'influence salutaire de ces politiques — étant devenue monarchique, ainsi que l'affirment chaque matin les organes les plus officieux du parti des ducs, il me semblait que le ministère ne devait pas craindre de consulter le suffrage universel.

Redouter les élections! Cela se concevait au temps où l'ex-président de la République, foulant aux pieds les devoirs les plus sacrés de sa haute position, pactisait avec les radicaux, les communards et les pétroleurs. C'était lui, en effet, cet homme néfaste, qui faisait nommer les républicains partout, dans le but avéré de chercher noise à ses anciens amis du centre droit. Mais à présent que M. de Broglie est à la tête du pouvoir ; à présent que les passions subversives ont trouvé à qui parler, et que les préfets à poigne ont remplacé les tièdes fonctionnaires du malfaisant vieillard, le suffrage universel reconnaissant va s'empresser de manifester sa joie en nommant des députés bien pensants, soumis au *Syllabus* et dévoués au Sacré-Cœur.

Cela ne fait pas l'ombre d'un doute. Autrement à quoi eût servi de remplacer le piètre homme d'Etat qui vient de libérer le territoire?

A l'heure qu'il est, la plupart des journaux républicains sont suspendus ou supprimés ; les gazettes de l'ordre moral ont presque seules la

parole. On a l'état de siége, on a la gendar-
merie ; au besoin les Cercles d'étude et d'enseignement populaire (1) trouvent des journaux
cléricaux pour les dénoncer et des parquets pour
les poursuivre ; — car l'étude est dangereuse
dans un pays où les ambitieux cherchent à re-
nouer les vieilles traditions, et l'enseignement,
— ne fût-ce que de l'orthographe, — peut exci-
ter outre mesure les passions malsaines. Mais
tous ces périls sont conjurés. Les maires eux-
mêmes, les maires soupçonnés de sympathie
pour l'ancien chef du gouvernement, sont révo-
qués, et les adjoints qui ne sont pas sages su-
bissent un sort pareil. Donc tout va bien. L'accord le plus parfait règne entre tous les partis ;
le commerce a repris, les travaux marchent à
merveille, les ouvriers sont contents. Le clergé
lui-même, si difficile à satisfaire, est dans la ju-
bilation. On le rencontre dans les rues chan-
tant des cantiques ; il crie :

« Sauvez Rome et la France »

Et la police sourit.

A Paris, à Lyon et je ne sais dans combien
de villes encore, les drapeaux tricolores sont
arrachés des fenêtres le 16 septembre, parce
qu'il n'est pas convenable, lorsqu'on attend le
« Roy, » d'exhiber des couleurs que répudie le

(1) Exemple : Le Cercle de Troyes.

10.

successeur de Louis XVI. Vous voyez que rien n'est plus à redouter des immenses dangers que le radicalisme autrefois faisait courir à la France. — C'est pourquoi, plusieurs siéges étant vacants à l'Assemblée nationale, il n'est pas douteux que le gouvernement, si bien dirigé par M. de Broglie, ne profite du revirement complet qui s'est opéré dans les esprits, de l'ordre matériel et moral dû à son habile gestion, et qu'il ne s'empresse de consulter les électeurs, impatients de lui témoigner leur profonde admiration.

Eh bien, non ! — Il faut, en vérité, que nos gouvernants soient gens bien modestes pour se soustraire ainsi, de gaîté de cœur, à l'explosion de reconnaissance qui les attend. Ils pouvaient être quatorze fois couverts de fleurs, le même jour, en quatorze endroits différents, et ils se contentent de limiter leur triomphe à quatre départements seulement, — et encore parce qu'ils y sont obligés! Oui, la loi est là, formelle dans ses exigences; sans cela, ce ministère modèle eût encore attendu. La preuve, c'est l'ajournement auquel il condamne les dix départements pour lesquels le délai de rigueur n'est pas expiré. On ne saurait être plus généreux, plus désintéressé. Quelle différence entre M. de Broglie, dont l'humilité saute aux yeux des plus aveugles, et M. Thiers qui va chercher des ovations jusqu'en pays étranger !

Il me semble entendre le maréchal de Mac-Mahon dire à son vice-président du conseil :

— Mon cher ministre, vous avez régénéré la France ; grâce à vous la démagogie est réduite à l'impuissance la plus absolue ; les radicaux sont dans le désarroi ; convoquez vite les électeurs partout où il est possible de le faire.

Et je vois le noble duc rougir — nonobstant son âge (54 ans à la Saint-Jean) — puis je recueille ces nobles paroles, témoignage de son excessive droiture :

— Excellence, je n'ai pas agi seul ; Beulé mérite sa part d'éloges. C'est lui qui a nommé Ducros, autorisé la suppression des journaux subversifs et révoqué les maires.

— Parfait ! aussi, j'en reviens à mon idée ; convoquez, cher duc, les électeurs de tous les départements où nous avons des députés à remplacer ; quel moment serait plus opportun ?

— Ne nous pressons pas, maréchal ; le pays, sans doute, est à nous, mais...

— Mais ?

— Ayons quelque pitié de nos adversaires ! Rien ne s'oppose à ce que nous gardions vis-à-vis d'eux certains ménagements ; ne fût-ce que par considération pour votre prédécesseur dont nous avons à temps réparé les fautes.

On ne m'ôtera pas de l'idée que M. de Broglie (dont le nom signifie *petit bois*) a tenu ce langage plein de grandeur et de dignité ; — et c'est pourquoi quatre départements seulement sont appelés à se prononcer sur la politique du cabinet actuel. J'admire cette façon délicate de ne pas écraser tout d'un coup ce qu'il reste de radicaux épars dans les villes. Un triomphe trop éclatant nous eût terrifiés. On nous évite cette douleur-là, — j'allais dire cette honte !

Parmi les départements dont la convocation est ajournée au mois de novembre prochain, figure l'Aube. Ce n'est évidemment pas la peur de voir surgir de l'urne électorale un nom républicain qui a pu décider le ministère à reculer l'élection. Sans doute ce département, dans une heure de trouble, a élu député l'ami du « sinistre vieillard », M. Casimir Périer ; mais, sur le moment même, il rachetait cette faute énorme en envoyant siéger à l'Assemblée nationale M. Blavoyer et M. Parigot, hommes d'ordre. C'est en vain que la démagogie a tenté chez vous de lever la tête ; c'est en vain qu'un Cercle — dont j'ai eu la canaillerie de demander à être reçu membre — s'est formé pour enseigner gratuitement à des ouvriers la botanique et la géométrie (choses évidemment subversives), les défenseurs de la religion, de la famille, de la propriété et de la monarchie traditionnelle veillaient, et nous rentrons sous terre, nous autres. Aux applaudissements de la partie saine de la population, y compris l'honnête rédaction du *Progrès national*, des perquisitions, des saisies et un bon procès ont jeté la terreur dans les âmes coupables. L'ordre moral, un instant menacé, est à jamais rétabli. Le département de l'Aube peut voter.

Et cependant on ne l'appelle pas au scrutin. On serait sûr de la victoire, et on retarde l'épreuve! On n'abuse pas des avantages que l'on a! On fait comme le chat qui laisse jouer la souris! Quelle quiétude, n'est-ce pas! Comme cela est grand!...

Je sais bien que les journaux révolutionnaires prétendent que le gouvernement, qui redoute partout des échecs, se laisse acculer aux dernières limites de la légalité, pour éloigner autant que possible de ses lèvres le calice d'amertume ; mais nul n'ignore combien sont malveillants les organes du radicalisme. Leurs insinuations calomnieuses ne portent pas. Ce qu'il y a de vrai, de vraiment vrai (demandez à l'*Univers !*) c'est que l'idée républicaine est en pleine décroissance et que la foi monarchique fait partout des progrès considérables.

Ce n'est pas moi qui voudrais entrer en lutte contre M. Argence, ami de l'empire, ou le candidat ultramontain que le *Progrès national* ne manquera pas de susciter au bon moment !

C'est égal, le gouvernement est bien magnanime !

19 septembre 1873.

# XXXVII

## Ils ne feront pas la monarchie !

Je rencontre de temps en temps des gens fort inquiets de l'avenir, qui me demandent s'il est vraiment à croire que nous retournions à la monarchie. — Je leur dis non, nettement non.

Alors même que l'Assemblée nationale oserait la voter, j'affirme qu'on ne l'établira pas.

Voter, la monarchie, peut n'être pas très-difficile quand on a pour soi le nombre ; — mais la faire ?

La faire, c'est tout différent.

Et d'abord, il s'élèverait dans toute la France, dès le lendemain d'un pareil vote, une telle explosion de colères, une telle avalanche de protestations, que bientôt vous verriez rentrer sous terre, — comme les bonapartistes au 4 septembre — toute cette nuée d'intrigants fort braves devant l'urne, mais beaucoup moins résolus lorsqu'ils se trouvent face à face avec leurs commettants.

Aucun des conspirateurs royalistes n'ignore que la grande majorité de ceux qui les ont élus sont hostiles à tout projet de restauration ; l'attitude énergique et fière du pays les déconcerte. Ils sont si fermement convaincus de leur impopularité, que pas un n'oserait soumettre la question au suffrage universel.

Et c'est dans de pareilles conditions que le trône pourrait être relevé?

Mais la monarchie imposée de la sorte ne vivrait pas six mois !

Il ne faut pas comparer l'époque actuelle à 1830 — ni même à 1851.

En 1830, la France était monarchique. En 1851, les républicains étaient en minorité. Et puis, la légende napoléonienne n'avait pas reçu les accrocs qui l'ont, depuis, si gravement atteinte. Au lendemain de 1848, les paysans étaient bonapartistes. Qu'on aille voir aujourd'hui !

L'esprit des campagnes est complétement transformé. Louis-Philippe II n'inspire pas plus de confiance que Napoléon IV, ou le petit-neveu de Louis XVI.

Henri V, avec son drapeau blanc, rappelle l'ancien régime; — c'est-à-dire la suprématie de la noblesse et du clergé ; le comte de Paris, depuis qu'il s'est agenouillé devant son cousin, a perdu toute considération ; quant à Napoléon IV, ce mineur, il éveille de trop tristes et trop récents souvenirs pour qu'on espère jamais rallier, autour de son nom, les sympathies de la France.

Je sais bien qu'aux yeux des représentants du pays, le pays ne compte pas ; mais il faudra bien qu'un jour ou l'autre on s'inquiète de lui.

Vous connaissez le programme :—les partisans de la monarchie, sentant au fond leur impuissance, essaieront de ne pas brusquer les choses. Ils réserveront au besoin la question du drapeau, celle de la Constitution, celle du choix d'un monarque ; ils proposeront à la Chambre de voter *platoniquement* le rétablissement du régime qui leur est cher, car le plus pressé, à leurs yeux, c'est de faire disparaître le nom odieux de République.

On proclamera, en attendant mieux, une monarchie *anonyme*. Ce sera un moyen de laisser la porte ouverte à toutes les espérances, à toutes les compétitions de personnes.

Voici, je crois, le moyen qui sera employé.

Un des meneurs montera à la tribune, et, gravement, solennellement, déposera un projet de loi, conçu en ces termes :

« Art. 1er. — La monarchie est le gouvernement légal du pays.

» Art. 2. — Une commission de trente membres, prise dans le sein de l'Assemblée nationale, sera chargée de préparer une Constitution.

» Art. 3. — Le maréchal de Mac-Mahon est nommé lieutenant-général du royaume. »

Je n'invente pas cette mise en scène, elle a été décrite tout au long dans les journaux de la fusion.

Voilà donc, — en supposant qu'il se trouve

une majorité pour voter ce projet hybride — la
République renversée et la monarchie proclamée.

Mais après ?

C'est alors que les difficultés commenceront.

Les légitimistes et les orléanistes qui se seront entendus pour accepter le projet de loi ci-
dessus, se chamailleront de plus belle quand il
faudra sortir de l'équivoque. Naturellement, les
bonapartistes qui se verront mis hors de jeu,
se tourneront contre eux ; et ils ne sont pas
tendres, les bonapartistes !

Mais je veux qu'orléanistes et légitimistes
tombent d'accord, et qu'ils enlèvent une restauration définitive.

Après ? dirai-je encore.

S'imagine-t-on, par hasard, que le pays ne
dira rien? A-t-on la naïveté de croire que nous
nous laisserons faire sans crier? Quoi! la
France serait décapitée ! Quoi! on nous enlè-
verait ce que nous avons conquis : notre souveraineté!... On nous ferait reculer jusqu'à Da-
gobert, et l'on pense, de bonne foi, que nous
assisterions en placides spectateurs à ce monstrueux attentat! Tout beau! messieurs, vous
avez compté sans vos hôtes!

Comme il serait à son aise le Roy dont la nation ne voudrait pas!

Peut-être cette dernière expérience ne serait-
elle pas inutile pour montrer que la monarchie

— qui a eu son temps — est incapable aujourd'hui de nous donner la stabilité ; mais l'expérience coûterait trop cher pour que je la désire.

Le trône relevé, c'est la révolution à courte échéance ; c'est la guerre en faveur du pape contre l'Italie, la Prusse et l'Autriche coalisées ; — c'est le démembrement de la France.

Pour peu qu'on soit conservateur, pour peu même qu'on soit égoïste et que l'on tienne à vivre en repos, il n'y a qu'une chose à faire : sommer les députés d'avoir à cesser toute manœuvre tendant au renversement de la République. Un homme sage, M. Thiers, l'a dit assez haut : le rétablissement de la monarchie nous précipiterait dans un abîme de calamités.

On sait si M. Thiers, cependant, est de tempérament républicain !

Que partout donc, d'ici au mois de novembre, par des déclarations énergiques, au besoin même par des lettres collectives émanant du corps électoral, les députés dont on a le droit de suspecter les tendances, soient mis en demeure d'écouter les conseils de la raison.

Ceux qui refuseront d'obéir sauront d'avance ce qui les attend... aux élections prochaines !

26 septembre 1873.

# XXXVIII

## Une voix de majorité, s'il vous plait

Vous vous rappelez que, sept ou huit ans seulement avant l'avénement de Louis XVI, le chevalier de la Barre fut décapité pour avoir négligé de se découvrir sur le passage d'une procession de capucins ; — si le comte de Chambord succédait à son grand oncle, je ne suis pas sûr que nous ne reverrions pas des faits semblables. Est-ce que déjà, sous le règne du bon roi Charles X nous n'avons pas eu la loi du 15 avril 1825, punissant le sacrilége de la *peine des parricides ?*

On me dira peut-être que, dans une lettre récente, — la lettre à son ami Rodez — le fils de la duchesse de Berry se montre tout prêt à faire une foule de concessions. Eh ! oui, je sais cela. Comme prétendant, le comte de Chambord va promettre tout ce qu'on voudra ; ne faut-il pas qu'il arrive ? Il jurera de respecter l'Italie ; il proclamera la liberté de conscience ; plus libéral que M. Ducros, il autorisera les enterrements civils à toute heure du jour et de la nuit ; il prendra le drapeau tricolore, — je vous atteste qu'il irait jusqu'au drapeau rouge! Triste personnage que ce prétendant! S'être fait une réputation d'honnête homme, et la sacrifier de la sorte! Se donner à soi-même de pareils démentis! Et la France croirait un traître mot des promesses les plus solennelles de cet ambitieux? Non, non, monseigneur le roy! Vous mentiez avant, vous mentiriez après!...

L'homme qui ayant juré de ne jamais abandonner « l'étendard de Jeanne d'Arc, » l'abandonne, cet homme-là ne tiendrait pas les serments qu'il ferait en montant sur le trône. Tromper les peuples, c'est jeu de princes! C'est pourquoi j'espère que bon nombre de ceux de qui dépend aujourd'hui la restauration nouvelle — les vrais parlementaristes — ne se laisseront pas sottement duper.

On a beau dire, les fusionnistes ne tiennent pas encore cette misérable et honteuse majorité d'une seule voix dont ils ont dit qu'ils se contenteraient ; je compte même qu'ils ne l'auront jamais. Il se trouvera dans la Chambre, en nombre suffisant, des gens honnêtes qui, au dernier moment, reculeront devant cet attentat : imposer à la France un roi que repoussent les dix-neuf vingtièmes de la population ! Ils songeront aux dangers immédiats qu'entraînerait après elle cette violence faite à la nation: Ils se souviendront de cette parole de Fox, que citait il y a deux jours un journal : « LA PIRE DES RÉVOLUTIONS, C'EST UNE RESTAURATION, » et de ce passage remarquable emprunté à l'un des livres de M. le duc de Broglie (1) :

> « *L'entreprise de rétablir au bout d'un cer-*
> *tain laps de temps, dans un pays ravagé par*
> *les commotions politiques, les personnes et*
> *les choses telles qu'elles étaient à une autre*
> *époque, de les rétablir uniquement parce*
> *qu'elles étaient ainsi ; de prendre sa revan-*
> *che, de demander compte du passé, de rétro-*
> *grader d'un seul jour ; cette entreprise pour*
> *qui la tente* EST UN ARRÊT DE MORT. »

Il y a encore, Dieu merci! dans notre France si éprouvée, des hommes qui savent mettre l'intérêt de leur pays au-dessus de leurs ambitions personnelles. Ceux-là réfléchiront ; ils se diront qu'après tout le rétablissement du régime qu'ils ont aimé ne les avancerait pas beaucoup ; qu'un gouvernement ne s'impose pas ; que les représailles viendraient ; qu'ils ne jouiraient pas longtemps de leurs ambassades, de leurs siéges de pairs, de leurs portefeuilles de ministres ; qu'il faudrait rendre tout cela dans un jour d'épouvantable ébranlement ; que la révolution les envelopperait, que peut-être ils y périraient. Déjà n'entendent-ils pas gronder, autour d'eux, de sourdes menaces? Une feuille de province

(1) Vues sur le gouvernement de la France.

publiait, il y a quelques jours, un article duquel
il résulte que les républicains de cette contrée
s'engagent à défendre la République, par leurs
votes d'abord et plus tard, s'il le faut absolument, les armes à la main. Tout cela donne à
réfléchir. Il est certain que le roy n'entrerait pas
facilement à Paris. Peut-être se contenterait-il
de Versailles pour capitale ; mais quelque fût le
lieu de sa résidence, il ne serait pas sur un lit
de roses.

Les gens sensés songent à tout cela. Leur intérêt bien entendu, d'accord sur ce point avec
leur conscience, leur démontre qu'ils ont tout à
perdre avec la restauration. Car non-seulément
ils compromettent leur repos, mais exposent
leur vie. On ne sait pas dans quel abîme d'horreurs sanglantes nous jetterait une révolution.
L'esprit s'épouvante de pareilles perspectives.

Ces avertissements ne seront pas perdus. Il est
impossible qu'à l'heure suprême du vote, quand
apparaîtront toutes les conséquences du crime
monstrueux qui se prépare, beaucoup de ceux
dont le concours paraît assuré, ne reculent pas.
C'est ma conviction qu'il y aura, jusque dans le
parti monarchiste, des hommes assez éclairés
pour comprendre qu'ils se perdent eux-mêmes,
sans profit réel pour personne, et que voter la
monarchie, ce serait, selon l'expression fort
juste de M. le duc de Broglie, « prononcer leur
arrêt de mort. »

Aussi, ai-je la ferme espérance que la fameuse voix de majorité, après laquelle courent encore les meneurs du complot, fera défaut le jour de la grande bataille. Bien des gens peuvent aimer platoniquement le roy, mais tous ne sont pas disposés à donner leur vie pour lui. Songez donc! avec des révolutions, on ne sait jamais où l'on va! Si ce n'est pas la mort qu'on y trouve, c'est pour le moins la ruine. Mieux vaut, en définitive, rester ce que l'on est et garder ce que l'on a.

La République — je dis la République officiellement reconnue et officiellement établie — c'est le repos, c'est la stabilité, c'est la reprise du travail et des affaires. La monarchie, c'est le prélude de vengeances et de représailles terribles contre ceux qui l'auraient faite; — gardons la République.

Voilà, je pense, ce que se diront, à part eux, quelques droitiers honnêtes (il y en a certainement) et quelques conservateurs bien inspirés.

Si je me trompe, nous verrons plus tard. La marche à suivre dépendra des événements.

3 octobre 1873.

## XXXIX

### L'esprit des campagnes et l'esprit de l'armée

Il m'arrive fréquemment de passer de longues heures en compagnie des membres les plus influents de la gauche républicaine et de la gauche radicale, dont plusieurs sont mes amis personnels. Et comme ce n'est pas à Troyes, mais à Paris, que je les vois; comme nous avons la précaution de ne nous rencontrer dans le local d'aucun *Cercle populaire*, et que nul rédacteur du *Progrès national* n'écoute aux portes — ce qui d'ailleurs nous serait parfaitement égal, — j'ose avouer que nous ne nous gênons pas pour parler politique. J'ajouterai même que les grands intérêts du pays, menacés par la coalition des fusionnards et l'ambition du petit-fils de Charles X, sont le thème habituel de nos conversations subversives.

Voyez-vous cela! des députés républicains se permettant de s'entretenir à huis clos, chez un humble journaliste, de la situation politique du pays! Je m'étonne que les parquets, si chatouilleux d'ordinaire, n'aient pas encore inventé le moyen de déclarer la chose immorale et compromettante pour la paix publique. Les députés qui se permettent de blâmer la conduite des collaborateurs de M. Changarnier, ne devraient pas avoir le droit de s'occuper de politique ailleurs qu'à la Chambre..... et encore! C'est une réforme à introduire; et je ne doute pas qu'on n'y songe sérieusement lorsque notre bon roy Henri V, digne fils des croisés, se verra, par la grâce de Marie Alacoque et la volonté nationale de M. de Belcastel, confortablement installé sur le trône de Clovis.

Mais en attendant, les députés radicaux parlent. Ils racontent ce qu'ils ont vu et entendu dans les départements. — C'est terrifiant!

Qui donc s'en fût douté? Les campagnes elles-mêmes se convertissent à la République, — les campagnes si dociles jadis! Et quel talisman radical a pu opérer ce miracle?... Vous ne devinez pas? Le seul nom de Henry V! Eh! oui, rien que l'idée de revoir le drapeau blanc et de vivre sous la douce tutelle des *henriquinquistes*, comme on disait autrefois, a suffi pour jeter le trouble dans l'esprit des paysans. Ils ne veulent pas entendre parler de Restauration. Rien ne les effraie comme la perspective d'un retour à l'ancien régime; ils se souviennent du prêtre et du noble. Vraiment, messieurs les conspirateurs monarchistes ont bien travaillé; ils se trouvent avoir conspiré... contre eux-mêmes. — Pas de chance!

J'écoutais hier ce que racontait, de sa récente tournée dans le midi, un député fort désagréable à M. de Lorgeril. Il a parcouru non-seulement les villes, mais les hameaux.

11.

« Partout, disait-il, j'ai rencontré la même indignation contre les complots de la droite. Ça n'est pas simplement de la répugnance pour les idées monarchiques que j'ai eu l'occasion de constater ; je me suis trouvé en présence d'un véritable et profond sentiment de répulsion ; on ne veut à aucun prix de la royauté. Les colères s'amassent : on reste calme, on restera calme jusqu'au dernier moment, parce qu'on espère toujours que l'intrigue échouera, mais il ne faudrait pas jouer avec les haines qui couvent et dont l'explosion, je vous le jure, serait terrible. »

Et se tournant vers moi, le député ajouta :

« — Vous écriviez l'autre jour, mon bon ami, comme d'ailleurs la plupart de vos confrères de la presse républicaine, qu'une restauration nouvelle, ce serait la révolution à courte échéance ; moi, je vous dis autre chose : la restauration serait le signal *même* de la révolution. De tous côtés la résistance légale s'organise. Je sais bien que les conspirateurs nous menacent de l'armée. Mais où ont-ils pris le droit de parler en son nom ? Qui leur permet de jeter cette insulte à nos soldats ? L'armée se prêtant à une usurpation monstrueuse ? Jamais ! Je connais, pour ma part, d'honnêtes et loyaux officiers qui m'ont déclaré qu'ils briseraient leur épée, plutôt que de la tourner contre un peuple, mis par des conspirateurs audacieux, en état de légitime défense. Il y aurait au moins scission dans certains corps, et vous verriez des *prononciamentos* comme en Espagne. J'admets, si l'on veut, que je me trompe et que pas un soldat ne broncherait; que voulez-vous que fassent des régiments contre le pays entier soulevé de colère et d'indignation? C'est que, voyez-vous, il ne s'agirait pas de marcher seulement contre telle ou telle ville; il faudrait réduire un à un les villages, les hameaux. On n'y parviendrait pas. Et puis, je le répète, on calomnie l'armée. L'armée, soyez-en convaincu, ne se prêtera pas à un coup de force, elle ne se tournera pas contre une nation sans armes, n'ayant à opposer aux baïonnettes des soldats que son droit violé et les poitrines découvertes de ses représentants élus. On ne tuera pas deux fois Baudin! »

Il y a longtemps que je pense ces choses et que je vous les dis; mais je suis fort aise de voir ma confiance partagée par un homme qui occupe à la Chambre une position considérable. Oui, la République sera sauvée! Et le plus curieux de l'affaire, c'est qu'elle sera sauvée par ceux-là mêmes qui avaient juré de la perdre. Ce sont leurs manœuvres qui nous affermissent. A l'heure qu'il est, déjà, les moins entêtés des fusionnistes commencent à en revenir au projet de prorogation des pouvoirs du maréchal de Mac-Mahon.

Ce n'est pas la question du drapeau qui jette

le désarroi dans le camp des meneurs; il faut que cela soit su. La question du drapeau est vidée. Le comte de Chambord accepte *provisoirement* le drapeau tricolore; mais on ne le dit pas, on réserve de faire connaître à la dernière heure son assentiment. Ce que j'avance est certain, un droitier l'a écrit à un autre droitier qui n'a pas su être discret. Les habiles comptaient sur un coup de théâtre; une dépêche, dont les termes sont arrêtés, devait subitement arriver, annonçant cette nouvelle inattendue, inespérée; on votait sous cette impression, et le tour était joué. Mais la mèche est éventée et la manœuvre compromise. Que fera-t-on maintenant? Peu nous importe, puisque le danger n'existe plus.

Car, je le répète, ce n'est pas un dissentiment sur la question du drapeau qui disloque le grand parti de la fusion. Henri V eût tout accepté, sauf à tout refuser ensuite. Ce qui met le désordre dans les rangs de ces messieurs, c'est l'attitude énergique du pays.

On sait que la France ne veut d'aucune royauté, qu'elle est prête à la résistance, et les moins compromis battent prudemment en retraite, retirant l'un après l'autre, pendant qu'ils le peuvent encore, leur épingle de ce vilain jeu.

Cela fait l'effet d'un chapelet qui s'égrène.

10 octobre 1873.

## XL

## Le comte de Chambord n'est pas l'héritier légitime de Louis XVI

Je ne demande pas mieux que de me faire légitimiste — comme un simple Blavoyer ou un Parigot repentant — et d'entrer pieds et poings liés dans la très-estimable confrérie des fusionnards à outrance; — mais à une condition : c'est qu'on me servira, pour ceindre la couronne de l'usurpateur Hugues Capet, le véritable descendant de Louis XVI, au lieu de présenter à ma vénération le collatéral équivoque de ce grand prince, communément désigné sous le nom de comte de Chambord. Vous concevez parfaitement que si je me « rallie, » ce ne peut être qu'au nom des principes, et pas le moins du monde pour faire plaisir à M. Duvignaux. La doctrine du *droit divin*, pour être gardée pure de toute atteinte, ne comporte ni fraude, ni erreur dans l'ordre de succession au trône.

Qu'est-ce, en effet, que le droit divin? C'est, il me semble (et le journal *l'Union* pourrait au besoin me renseigner là-dessus), le droit absolu que possède un homme, par le fait seul de sa naissance, de se proclamer l'arbitre souverain des destinées d'un peuple. Ce droit, supérieur à celui des nations, se transmet de père en fils comme un simple héritage. On devient propriétaire d'un peuple comme on le deviendrait d'une métairie; mais il faut que la qualité de l'héritier soit bien et dûment constatée.

Malheureusement, cette qualité essentielle, je ne la retrouve pas dans la personne du comte de Chambord. Il y a du louche dans sa position; il ne m'apparaît pas comme le successeur, *divinement* institué, du bon roi Louis XVI.

J'ai lu dernièrement dans les journaux des choses qui m'ont, j'ose l'avouer, singulièrement ébranlé. Il semble hors de doute que le duc de Berri, lors de son mariage avec la princesse de Naples, mère du prétendant actuel, était déjà marié en Angleterre. Il avait épousé à Londres, en 1806, madame Brown, et de cette union, parfaitement régulière, étaient nées deux filles dont l'une est devenue la marquise de Charette et l'autre la princesse de Faucigny.

Le duc de Berri était donc bigame? Son fils, le comte de Chambord n'est donc autre chose, pour parler le langage des légistes, qu'un enfant *adultérin?* Or, la loi française, la loi en vigueur sous Louis XVIII, dispose textuellement que les enfants adultérins ne sont pas aptes à succéder. Comment, dès lors, le fils de la duchesse de Berri pourrait-il prétendre à la qualité de petit-fils de Charles X et se dire l'héritier du trône? Je ne puis dissimuler que cela me donne énormément à réfléchir ; car pour me faire légitimiste, je n'en reste pas moins honnête. Légitimité signifie droit, et ne veut pas dire usurpation. Je ne veux pas d'un faux héritier, d'un Bourbon de contrebande.

On m'objectera peut-être que Louis XVIII a cassé le premier mariage de son neveu. Mais comment eût-il fait ? Il n'est pas au pouvoir des rois — même des rois de droit divin — d'annuler des mariages régulièrement contractés, des mariages bénits par l'Église ; demandez à Pie IX ! La situation vaut donc la peine d'être examinée.

Mais ce n'est pas tout. Alors même qu'on me prouverait, contre toute raison, que le comte de Chambord est l'héritier légitime de Charles X, je ne serais pas encore satisfait.

Il est établi pour une foule de gens — et particulièrement pour moi — que le fils de Louis XVI et de Marie-Antoinette, le duc de Normandie, Dauphin de France, n'est pas mort au Temple. Il a vécu en Allemagne sous le nom de Charles-Guillaume Naundorff ; il s'est, plus tard, retiré en Hollande, où il est mort dans la petite ville de Delft, le 10 août 1845, laissant des enfants qui, aujourd'hui, réclament la possession d'état.

Louis XVIII n'ignorait pas l'existence de ce neveu gênant ; la duchesse d'Angoulême l'a elle-même proclamée au moment de mourir. Des faits nombreux, qu'il serait trop long de détailler ici, prouvent irréfutablement ce point grave. Du reste, pendant tout le cours de sa vie, Louis XVII n'a cessé de revendiquer ses droits ; naturellement, ni Louis XVIII, ni Charles X, ni Louis-Philippe ne l'ont écouté.

Le roi de Hollande, qui savait (aussi bien que le roi de Prusse), à quoi s'en tenir sur l'identité du duc de Normandie, n'a pas craint d'ordonner que l'acte de décès du prétendu Naundorff mentionnât le vrai nom et la vraie qualité de ce prince. C'est là une pièce officielle.

En ce moment, les tribunaux français sont saisis de l'affaire. Dans le cours de novembre ou de décembre de cette année, la question sera débattue en audience solennelle de la Cour d'appel de Paris, toutes chambres réunies. Nous verrons alors si les revendications des enfants de Charles Naundorff seront admises.

Mais ne trouvez-vous pas, qu'en tout état de cause, il serait prudent de ne pas trop se presser d'offrir la couronne de France, au nom du *droit divin*, à un homme qui — fût-il le neveu *légitime* du roi Charles X — ne serait peut-être pas l'héritier direct de Louis XVI ?

Si j'étais légitimiste (ce qui n'est pas encore fait), j'y regarderais à deux fois ; je craindrais, en allant trop vite en besogne, de faire un accroc au droit divin ; c'est pourquoi je supplie mes futurs coréligionnaires politiques de ne pas précipiter l'affaire. Si l'on se trompe, on porte une atteinte grave au droit primordial qu'il s'agit de sauvegarder. La légitimité, qui est un principe, n'admet pas de compromis ; la couronne appartient à celui, quel qu'il soit, que la Providence a désigné, j'oserai dire a choisi, dans ses vues profondes, pour succéder au trône.

Avant de me rallier au comte de Chambord, moi qui suis un homme inflexible sur le terrain du droit, je veux donc être assuré que ce personnage, confit en dévotion, est bien « mon roy. » Autrement je résiste à toute tentative d'embauchage.

Je sais parfaitement ce qu'il y a de fâcheux, de délicat même, à porter devant les tribunaux la question de légitimité des rois de France. Mais que voulez-vous que je fasse à cela ? Puisqu'il y a doute, il faut bien que le doute soit éclairci. Est-ce ma faute à moi, si la couronne est mise sur le même pied qu'un mur mitoyen, et devient l'objet d'un procès entre héritiers qui ne s'entendent pas ?

Ce que je demande, c'est à savoir aux genoux de qui je dois me précipiter.

Et si vous êtes aussi honnêtes que moi, messieurs les fusionnards, vous aurez à cœur de ne pas donner à la France un faux roi ; vous étudierez la question, vous irez au fond des choses, vous tirerez au clair le droit prétendu du comte de Chambord, et, pour éviter toute fausse manœuvre, vous attendrez patiemment le jugement de la Cour de Paris.

Que les légitimistes purs veuillent bien y prendre garde! en appelant au trône le fils de la duchesse de Berri, sans avoir la certitude qu'il est véritablement l'héritier du roi Louis XVI, c'est leur propre principe qu'ils détruisent.

Je me permets d'appeler l'attention sur ce point grave.

17 octobre 1873.

# XLI

### La défaite des Royalistes

C'est en vain que le gouvernement aura tendu sa main compatissante aux meneurs de l'intrigue royaliste ; c'est en vain que, pour rendre possible une majorité de quelques voix en faveur de la Restauration, il aura refusé de convoquer les électeurs des onze départements dont la représentation reste incomplète — la monarchie ne sera pas faite.

Non, la monarchie ne sera pas faite! et vous pouvez, Monsieur le *roy*, reprendre le chemin de Frohsdorf, où vous attendent les bons Pères Jésuites qui vous ont si joliment éduqué dans l'art des restrictions mentales.

Il y a quelques jours, tout semblait marcher au gré des fusionnistes. Rien ne s'opposait plus à l'entrée de S. M. Henry V dans sa bonne ville de Paris; déjà on nous donnait l'ordre et la marche du cortége. La majorité dans l'Assemblée n'était pas douteuse : 370 voix auraient suffi, ces messieurs en avaient 400. Tout était pour le mieux, les sinécures allaient pleuvoir, on aurait des titres, on toucherait de gros traitements, on avait le cœur en joie...

Pardon! nous n'avons jamais cru, nous autres, à cette joie-là. Les entremetteurs n'avaient pas plus 370 voix que 400; ils n'étaient sûrs de rien ; ils sentaient le vide se faire autour de leur mo narchie. Les grands éclats de voix que nous entendions, n'étaient que de la forfanterie.

La preuve qu'on n'a pas encore la majorité, c'est qu'on est en quête de partisans nouveaux : c'est qu'on offre non-seulement des places, mais de l'argent, aux indécis du centre gauche qu'on soupçonne capables d'accepter ce marché honteux. Oui, les conspirateurs déroutés, éperdus, en sont venus là ! Ils ont offert *deux cent mille francs* pour un vote (je sais le chiffre !) On parle d'un billet écrit par un imprudent. Ce billet, au besoin, sera publié. Mais les membres du centre gauche sont honnêtes ; tous ont repoussé avec indignation, avec dégoût, ces ignobles tentatives d'embauchage.

N'est-il pas vrai que tout cela soulève le cœur ?

Pauvres *bonnets à poil*, comme je les plains ! Et ils se vantaient si fort ! Ils se prétendaient si sûrs de la réussite de leur coupable entreprise !

S'ils avaient eu le nombre de voix nécessaire pour escamoter une fois encore la République, croit-on qu'ils auraient attendu l'époque fixée pour la rentrée de la Chambre ? On parlait d'une convocation d'urgence. La proposition devait en être faite à la dernière séance de la commission de permanence. Le gouvernement — toujours complaisant — ne devait pas s'y opposer. C'était chose convenue. Eh ! bien, la commission s'est réunie, et aucune proposition pour une convocation anticipée n'a été faite.

Qu'est-ce que cela veut dire ? Cela veut dire que les « racoleurs » n'ont pas assez racolé, que la majorité leur échappe, qu'ils sont battus, plus que battus, que la déroute est au camp des meneurs et que la République vivra !

On me parlait hier de certaine lettre écrite, à un de ses amis, par un préfet de « l'ordre moral, » lequel, voyant la tournure que prennent les choses, déclare carrément qu'il est aux re-

grets d'avoir servi la politique de M. Beulé ;
c'est la débandade qui commence.

On nomme aussi quelques députés dont le
teint blêmit d'une étrange façon. Je lisais ce
matin même, dans un journal, l'*Opinion nationale*, je crois, que M. Cazenove de Pradines,
fort compromis dans les intrigues monarchiques, a récemment témoigné un découragement
profond. Ses bons amis de Nantes (le député
du Lot-et-Garonne a des amis à Nantes) n'ont
pas eu pitié de ce cœur endolori, ils ont parlé,
et l'*Indépendant de l'Ouest* dénonce les mor-
telles angoisses du fusionnard déconfit.

J'avoue que cela me touche peu. Le déses-
poir de M. Cazenove, qui se plaint de n'avoir
pu mener à bonne fin son projet de ruiner la
France, ressemble très-fort au regret passablement brutal que manifestent certains individus
(vous savez qui je veux dire !) lorsqu'on leur
apprend que le bonhomme qu'ils ont voulu
tuer, vit encore. — Brave Cazenove, va !

Donc tout marche à merveille ; la défaite des
royalistes est chose aujourd'hui assurée.

Si nous avions besoin, pour étayer notre conviction, de symptômes plus rassurants encore
que l'abattement de certains députés trop
avancés pour reculer, nous pourrions citer la
démarche de M. d'Audiffret-Pasquier, duc et
président du centre droit, auprès de l'honorable
M. Léon Say, président du centre gauche. A

bout d'arguments. M. d'Audiffret-Pasquier a
tenté d'effrayer M. Say sur les conséquences
de son entêtement à vouloir conserver la République ; je crois même qu'il lui a montré en
perspective la silhouette de la guillotine. M. Léon
Say a souri et donné au noble duc l'assurance
que cette menace de l'échafaud ne l'épouvantait
pas beaucoup. Si un régime, en effet, peut faire
couler du sang, c'est la monarchie dont ne veut
pas la France ; la République conservatrice,
ouverte à tous, ne persécutera personne.

M. d'Audiffret-Pasquier s'est montré fort irrité de la résistance de l'honorable président
du centre gauche, et ne sachant plus que dire
je vous donnerais la chose en mille, si vous
n'aviez pu, comme moi, l'apprendre par les
journaux d'hier), il a essayé d'un autre moyen
d'intimidation.

— Si vous ne votez pas la monarchie, a déclaré le duc, nous, membres du centre droit,
*quand viendront les élections générales, nous
ne nous représenterons pas !*

Vraiment ? Voilà qui a dû donner singulièrement à réfléchir à M. Léon Say. — Eh bien ! le
croiriez-vous ? M. Léon Say ne s'est pas laissé
attendrir !

Pauvre France ! Elle perdra M. le duc d'Audiffret-Pasquier ! Il faudra se passer de ses
loyaux services. Les prochaines élections générales devront se faire sans lui. Il ne sé portera

pas candidat, ni ses amis non plus ! — J'en suis tout marri !

Puisque nous voilà placés devant cette perspective douloureuse, songeons à remplacer dignement ce duc déserteur. L'Aube et la Seine-Inférieure sont appelées à envoyer chacune un député nouveau à l'Assemblée de Versailles. C'est le moment de déclarer hautement, pour la vingtième fois, que la France entend s'opposer à toute restauration monarchique, aussi bien à celle de Louis-Philippe II qu'à celle du collatéral de Charles X. Le pays veut la République.

Si j'en juge par le peu d'empressement que mettent les royalistes à tenter l'épreuve — puisqu'ils n'osent avancer l'époque fixée pour la rentrée de la Chambre, — les nouveaux élus arriveront à temps pour déposer leur bulletin. Les deux élections qui vont se faire auront donc une importance capitale. C'est la dernière fois que le pays sera appelé à prendre la parole, avant l'heure du débat solennel. Que personne ne manque aux urnes !

La République est menacée, — VIVE LA RÉPUBLIQUE !

21 octobre 1873.

# XLII

### Électeurs ! prenez garde à vous !

L'attitude impertinente que certains députés monarchistes n'ont pas craint de prendre vis-à-vis de leurs électeurs, me paraît de nature à rendre circonspects et plus que jamais prudents, les délégués auxquels, dans chaque département, est confiée la délicate mission de désigner un candidat au choix de leurs concitoyens.

Nous avons assisté, cette semaine, à un singulier spectacle.

Des députés, mis en demeure par leurs commettants, de déclarer s'ils voteront *pour* ou *contre* le rétablissement de la monarchie, ont envoyé promener les indiscrets qui se permettaient de les interroger de la sorte. Tout le monde a lu les étranges lettres de MM. Target, de Plœuc, Saisset, Johnston, Viennet. Ces messieurs ne reconnaissent à personne, pas même à ceux qui les ont élus, le droit de leur demander quel usage ils entendent faire du mandat qui leur a été confié. Ils voteront, disent-ils, « suivant leur conscience. » Ah! le bon billet qu'ont les électeurs ! Nous la connaissons, cette conscience-là ! Elle est d'une souplesse, d'une élasticité dont les consciences de princes peuvent seules donner une idée. Elle consiste à dicter, au moment des élections, la profession de foi la plus républicaine, et à conseiller plus tard le renversement de la République. Elle va même jusqu'à inspirer la pensée de supprimer le suffrage universel, cette invention diabolique qui accorde à de simples paysans le droit de se mêler du gouvernement de la France.

Mais ceux qui répondent sont encore bien bons! Il y en a, dans le nombre, qui ne disent rien. Ceux-là, à mon avis, sont tout à fait superbes!·Est-ce qu'une lettre signée par les membres d'une chambre de commerce mérite quelque attention? Qui dit boutiquier, dit manant, de même que qui dit paysan, dit vilain. Répondre à de si petites gens — même en donnant les étrivières, — c'est se commettre ! Un bon royaliste ne descend pas jusque-là.

Il faut, en vérité, que les hauts et puissants « personnages » qui agissent de cette façon cavalière soient bien décidés à ne jamais se représenter devant leurs juges, pour traiter d'aussi haut les gens qui leur ont confié le soin de défendre leurs intérêts. Mais ce n'est pas une raison pour qu'à l'avenir les électeurs, intéressés à ce que leur volonté soit faite jusqu'au dernier moment, ne prennent pas leurs précautions contre les trahisons politiques.

J'ai déjà traité ce sujet il y a quelques mois; mais en présence des élections qui doivent avoir lieu le 16 novembre, il ne me paraît pas hors de propos d'y revenir.

Qu'y a-t-il à faire ? Le mandat impératif suffit-il ? Non, puisqu'il n'a pas de sanction.

Un collége électoral, trompé par son représentant, est sans recours. Il a beau rappeler la profession de foi du candidat, rééditer les engagements pris, citer les promesses faites, — le député, une fois élu, reste député. Il s'est présenté comme républicain, il vote comme monarchiste, aucune juridiction n'a prise sur lui. Il trompe notoirement la confiance de ses commettants. c'est très-vrai ; tout le monde le sait, lui-même n'oserait en disconvenir ; mais il est *définitivement* investi du mandat de représentant, et personne n'a le pouvoir d'exiger qu'il respecte ses engagements, ou quitte son siége.

Est-ce que, dans des conditions pareilles, la moindre garantie est accordée à ceux qui délèguent leur souveraineté ?

Non.

Dès lors, c'est aux électeurs qu'il appartient de prendre des mesures.

La loi, je le reconnais, ne leur facilite en aucune manière cette tâche difficile ; mais ils peuvent suppléer à la loi

Comment se fait l'élection ? Elle se fait sur la désignation des Comités composés de membres délégués par les cantons. Un candidat qui n'aurait pas l'appui de l'un au moins de ces comités départementaux, ne serait pas élu. Grâce à la discipline à laquelle consent à se plier le suffrage universel, l'élection, au contraire, est presque assurée, si un comité sérieux la recommande.

De là, un lien étroit entre le candidat et le comité qui le patronne.

Eh bien! le candidat ne pouvant rien sans le concours des délégués, je dis qu'il doit accepter d'avance, à toute heure, le jugement de ceux qui l'ont appuyé. Il doit se regarder comme *incessamment révocable*.

Le mandat *révocable*, — voilà, pour le moment, l'unique remède aux palinodies dont nous sommes chaque jour témoins.

J'ai expliqué déjà comment ce système peut être mis en pratique; je ne crois pas nécessaire d'y revenir. Je reprendrai la thèse plus tard, s'il le faut, à l'époque des élections générales.

Mais en attendant, et pour l'élection partielle qui se prépare, en raison surtout des graves débats qui vont surgir à la Chambre, je conseille aux électeurs de l'Aube d'essayer du moyen que j'indique.

Il n'est pas un candidat honnête, un candidat décidé à respecter la volonté de ses mandants, qui refuse.

Je regrette de n'avoir pas qualité pour assister aux délibérations du congrès électoral qui va se réunir à Troyes; je me serais fait un devoir de m'y rendre et de donner aux délégués réunis toutes les explications dont ils pourraient avoir besoin, mais il se trouvera bien quelqu'un pour soutenir et développer l'idée.

Trop longtemps les électeurs ont été dupes de leurs élus ; il faut que cela finisse.

Cela finira le jour où le corps électoral aura le droit d'arracher de son siége le député coupable de forfaiture.

J'AI DIT.

31 octobre 1873.

---

## XLIII

### Le dernier acte de la fusion

Qu'est-ce à dire? M. le comte de Chambord n'a pas fait de concession? Il tient plus que jamais à son drapeau blanc, il refuse de donner des garanties, il veut garder intact son droit souverain ?... Mais que prétendait donc M. Chesnelong?

La comédie finit piteusement, — comme elle devait finir.

J'ai toujours soutenu, pour ma part, que le

« descendant de nos rois » attendrait jusqu'au dernier moment pour prendre parti.

Si la majorité en faveur d'une restauration, eût été certaine, le petit-neveu de Louis XVI n'eût rien démenti des promesses vagues formulées en son nom par les émissaires du parti de la fusion ; il eût même, au besoin, concédé — en paroles — une foule de choses, sauf à tout rétracter une fois en possession du pouvoir. La preuve, c'est qu'il a tout laissé dire ; la preuve, c'est qu'il a écouté sans se fâcher, les propositions déshonnêtes qu'on lui faisait en face, les conseils que lui donnaient ses bons « amis » de trafiquer publiquement de son honneur.

Maintenant qu'il est évident pour tout le monde que la majorité fera défaut ; à présent que l'illusion n'est plus permise, le bon prince se dégage. *Il n'a jamais rien cédé ; il ne peut renier « l'étendard d'Arques et d'Ivry. »*

Voilà qui est noble ! voilà qui est grand !

Vous verrez que, devant la postérité, le comte de Chambord passera pour un homme de principes, inébranlable dans sa foi, et d'une probité sans exemple.

La vérité, il faut avoir le courage de la dire :
— « Les raisins étaient trop verts. »

Il n'en est pas moins vrai que M. Chesnelong passe maintenant pour un fourbe. — C'est lui qui a menti.

Croyez-vous qu'il se disculpera ? Non; cela porterait atteinte au prestige de M. le comte de Chambord.

Il se taira pour sauver l'honneur du roi.

En attendant, ne sera dupe que quiconque voudra bien l'être.

Pour moi, je demeure convaincu que nous n'aurions pas eu la fière lettre du 27 octobre, si le parti monarchique avait eu chance de l'emporter d'une seule voix à l'Assemblée.

Et M. Chesnelong, que l'on accuse aujourd'hui de compte-rendu infidèle, serait couvert de gloire.

Une chose me frappe dans le Manifeste de Salzbourg, c'est la façon singulière dont l'auteur de ce curieux document s'y prend pour rectifier les assertions de M. Chesnelong.

« Vous avez, lui dit-il, prononcé au milieu » de vos collègues, des paroles qui vous vau- » dront mon éternelle reconnaissance. Je vous » remercie d'avoir *si bien compris* les angoisses » de mon âme, *et de n'avoir rien caché de l'iné-* « *branlable fermeté de mes résolutions.* »

Et cela dit, M. le comte de Chambord formule des déclarations tout opposées à celles qu'avait rapportées M. Chesnelong !

N'étant ni prince ni courtisan de prince, je ne comprends rien à ce langage.

Mais cette contradiction n'est qu'un détail. Le reste de la lettre est fort clair et ne peut laisser place à aucune équivoque. Le prince issu du second mariage du duc de Berri, repousse tout compromis. Il est à lui seul tout le droit, il n'a rien à concéder. Il faut le prendre tout d'une pièce, ou renoncer à lui. Et comme il sait fort bien qu'on ne le prendra pas tout d'une pièce, le voilà affranchi des risques de l'humiliation que lui réservait l'Assemblée nationale.

Cela s'appelle tirer habilement, et en temps utile, son épingle du jeu.

Bien qu'il ait eu un intérêt personnel à parler comme il vient de le faire, nous remercions· cependant M. le comte de Chambord de son espèce de franchise. Car non-seulement il se noie, mais il entraîne avec lui et submerge tous les membres de sa royale famille, à commencer par son cousin et ami, M. le comte de Paris. Voilà ce que c'est, messieurs d'Orléans, que d'étreindre aussi étroitement un prince qui perd pied! Vous disparaissez en même temps que lui de la scène... à moins pourtant... qui sait?... l'histoire nous fournit tant d'exemples — et justement dans votre Maison, monsieur le comte de Paris, — d'assurances données et reprises!

L'avenir, là-dessus, nous édifiera.

Quoi qu'il en soit, le terrain, maintenant, est déblayé. La fusion est morte. Quelle intrigue nouvelle va-t-on ourdir? Je juge les droitiers comme je les connais. Ils n'ont plus de roi à présenter au pays, c'est vrai; mais ce qui est non moins vrai, c'est que la République les gêne.

Vous verrez qu'avant huit jours une nouvelle machination éclatera comme une bombe au-dessus de nos têtes.

J'ai le pressentiment d'un coup de foudre, — et je crains que la République ne soit plus menacée, après la Lettre, qu'elle ne l'était par les propositions impraticables, inacceptables, de la restauration du droit divin.

Tenons-nous donc sur nos gardes!

3 novembre 1873.

# XLIV

### Le message de Mac-Mahon et la loi de prorogation

Eh bien! quand je vous le disais!...

Irrités de leur récente déconvenue, messieurs les fusionnistes — que rien de déconcerte — ont essayé de prendre leur revanche. Le pays n'ayant pas voulu de leur *roy*, ils se sont demandé comment ils pourraient bien le punir d'une aussi grossière impertinence.

C'est alors que l'idée saugrenue de nous gratifier d'une dictature a germé dans leur esprit-

Une dictature !... rien que cela !

» Ah ! France damnée ! s'est dit M. Changar
nier, tu refuses d'appeler à toi Henri V, fils de
saint Louis ! tu repousses le drapeau blanc, la
domination des prêtres, la suprématie de la noblesse, et tout ce qui constitue le retour à l'ancien régime! Eh bien! attends un peu! nous
allons te faire asseoir pendant dix ans sur le
tranchant d'un sabre.... et si tu bouges, gare
aux entailles ! »

Il y a seulement quelques semaines, une pareille menace nous eût semblé absolument insensée. Mais il s'est trouvé que M. le maréchal
de Mac-Mahon, duc de Magenta, — le même
qui, sous l'empire, avait refusé de voter la loi
de sûreté générale, — il s'est trouvé, dis-je,
que ce *loyal soldat*, cet homme d'honneur, ce
« Bayard », qui avait promis de garder intactes
les institutions existantes, a pris, tout d'un
coup, parti pour les énamourés de monarchie, et
s'est déclaré tout prêt à accepter le pouvoir
extra-légal dont on voulait l'investir.

N'hésitons pas à le dire, le message de M. le
Président de la République a causé partout une
surprise douloureuse. Ce langage n'est pas celui
que l'on devait attendre de l'homme qui prétendait, il y a cinq mois à peine, n'accepter que
par dévouement, la charge de gouverner le
pays. C'est lui, notons ce point grave, qui sol-

licite aujourd'hui l'investiture dictatoriale, qui demande des lois d'exception, de véritables lois de sûreté générale, sous prétexte que l'état de siége ne lui suffit pas !

M. le maréchal de Mac-Mahon, qui avait conquis dans l'opinion publique une situation respectée, vient de voir son prestige diminuer. Son crédit est atteint. La faute qu'il vient de commettre est de celles dont on ne se relève guère.

Cela est si vrai, que malgré les efforts de M. de Broglie et ceux de M. de Goulard (deux fois transfuge!) le projet de prorogation, pour dix ans, de ses pouvoirs, a reçu de l'Assemblée nationale un accueil très-froid.

Quatorze voix de majorité sur une question de cette importance, c'est bien peu de chose. Et encore, ces quatorze voix, si l'on veut y regarder de près, le ministère ne les a pas.

Il faut d'abord retrancher la voix de M. Leurent et celle de M. Kolb-Bernard qui étaient *absents*, et dont cependant les bulletins ont été trouvés dans l'urne. Ajoutons à cette première erreur — pour le moins singulière — que le vote de M. Pernolet, hostile au gouvernement, et celui de M. Haentjens, également défavorable à la proposition, n'ont pas été compris dans le dépouillement, sans que l'on sache bien pourquoi. Deux voix de trop à droite, deux voix de moins à gauche, cela fait quatre voix à déduire. Reste dix.

Eh bien! sur ces dix voix, il y en a six de bonapartistes sur lesquelles il n'y a plus lieu de compter. Voilà donc la majorité réduite à *quatre* voix. Et encore huit ministres ont voté dans leur propre cause!

Pensez-vous que l'on puisse fonder un gouvernement sur de pareilles bases?

Et je ne parle pas des *treize* siéges vacants!

Cette nouvelle équipée des monarchistes est donc encore une fausse manœuvre, une maladresse ajoutée aux autres maladresses. Rien ne réussit décidément à ces coureurs d'aventures.

Ce qu'il y a de particulièrement regrettable, en tout cela, c'est que le chef de l'État ait aussi bénévolement compromis « l'immense popularité » attachée à son nom. Il sera, je crois, difficile à l'illustre maréchal de dégager complétement sa responsabilité de la folle équipée de ses ministres, et de ne pas supporter dans une certaine mesure, le poids des dures paroles prononcées par M. Grévy.

C'est, en effet, dans le discours de l'ancien président de l'Assemblée qu'il faut chercher la véritable expression du sentiment public. Ce discours, je l'ai entendu. Mon cœur battait d'émotion, à mesure que se développait l'argumentation froide, serrée, incisive de l'orateur. La droite faisait silence. Les fronts se courbaient. C'est à peine si l'on osait protester, quand tombaient de la bouche de l'improvisateur les accusations les plus sévères, quand le projet de loi était d'avance infirmé comme illégal, révolutionnaire, *nul en soi*. Une sorte de frisson a parcouru l'Assemblée au moment où sur le point de quitter la tribune, le respectable M. Grévy a osé dire : « *Votre loi ne sera ratifiée ni par la nation, ni par l'assemblée future !* »

J'aurais voulu que M. le président de la République fût présent. Mais il a entre les mains le texte officiel de ce remarquable discours ; il connaît le piteux résultat de sa proposition ; il sait ce qu'en pense le pays ; — que tout cela lui donne à réfléchir !

Ce n'est pas seulement une question de prudence, c'est une question de loyauté.

Au moment où j'écris, je ne sais ce qui se passe à Versailles ; mais si j'en crois mon impression, M. de Mac-Mahon persistera. Il est entouré de conseillers dangereux ; on lui dira que la société est menacée, qu'il est la force et que la *légalité* lui donnera le *droit*.

La « légalité ! » — Est-ce que jamais la violation des principes de droit commun a pu créer la légalité ?...

Il n'y a d'autre droit vrai que la justice. Dans ce qui se passe, dans ce qu'on veut faire, la justice est méconnue. Nous sommes, d'une part, dans l'Assemblée, en présence d'une majorité monarchique infime ; de l'autre, dans le pays, en présence d'une majorité républicaine considérable. Est-il juste que la majorité parlementaire l'emporte sur la majorité nationale ?

Le provisoire nous tue. Le temps est venu de constituer un gouvernement définitif.

Si l'on doute du nom que doit porter ce gouvernement et de la forme qu'il doit revêtir, que l'on consulte le pays !

L'étranger a quitté notre sol, nous sommes libres. L'heure de sortir des équivoques a sonné. Qu'on nous appelle aux urnes !

Mais, pour Dieu ! plus d'intrigues, plus de conspirations, plus de sourdes menées ! La France s'appartient, elle ne peut rester plus longtemps la proie d'une faction ; il faut en finir avec les aventures.

On parle d'un appel au peuple, soit ; mais que cela se fasse vite !

Le pays n'a plus le temps d'attendre !

7 novembre 1873.

---

## XLV

**Trop de déférence nuit. — Les conséquences de la prorogation**

Nous entrons encore une fois dans la période des transactions, des compromis et des équivoques ; c'est fort regrettable. Après ce qui

13

s'est passé pendant les vacances parlementaires, après l'audacieuse tentative du cabinet présidé par M. de Broglie, que nous avons surpris la main dans le sac, essayant d'escamoter les libertés de la France, il y avait autre chose à faire que d'écouter les propositions insidieuses du parti monarchique.       ·

Je comprends parfaitement que l'on transige avec des adversaires ; mais les conspirateurs de la fusion ne sont pas des adversaires, ce sont bel et bien des ennemis et, qui plus est, des ennemis de la pire espèce.

Comme ils auraient étranglé la République si la chose leur eût été possible ! Se sont-ils, seulement, dans leurs entrevues avec le seigneur de Frohsdorf, préoccupés des volontés et des intérêts de la France ? Pas le moins du monde ! Et c'est avec ce parti condamné, conspué, honni, que l'on entre en négociation !

C'est trop de faiblesse, en vérité.

Le centre gauche — d'abord en accordant l'ajournement de son interpellation, ensuite en consentant à proroger pour un temps relativement long les pouvoirs du président actuel de la République — a commis une double faute. Il était maître de la situation ; quelle nécessité le poussait donc à faire abandon de ses avantages ? Cette tactique rappelle celle de nos généraux pendant la guerre : une position étant conquise, on battait en retraite.

Aussi M. de Broglie se frotte-t-il les mains ; aussi envoie-t-il aux préfets des dépêches triomphantes, annonçant à tous et particulièrement aux deux départements qui demain doivent élire des députés, sa GRANDE VICTOIRE du 12 novembre !

Quand donc aurons-nous quelque suite dans nos idées et mettrons-nous un peu de logique dans nos actes ?

J'avoue que je considère comme un danger la prorogation, au delà du terme fixé par la constitution Rivet, des pouvoirs de M. le maréchal de Mac-Mahon. Pourquoi engager l'avenir ? Pourquoi imposer à l'Assemblée prochaine un Président qui peut ne pas s'entendre avec elle ? Malgré les sages réserves de M. Casimir Périer et les précautions prudentes qu'a cru devoir prendre l'honorable député, je crains fort qu'on ne crée, pour plus tard, de dangereux conflits. En cas de désaccord, qui cédera de M. de Mac-Mahon, *constitutionnellement* investi du pouvoir, — irrévocable par conséquent, — ou de la représentation nationale ?

Et puis, je le dis avec franchise, les préférences connues de M. le duc de Magenta pour le parti qui a failli jeter la France dans les aventures d'une restauration monarchique, me donnent à craindre que les manœuvres de messieurs les fusionnistes ne continuent de plus belle sous son gouvernement. Plusieurs de ces incorrigibles d'ailleurs, ne dissimulent pas leurs intentions ; ils se feront de la République un lit commode pour les intrigues et les machinations royalistes. Écoutez M. de Falloux, écoutez M. de Limairac, député du Tarn-et-Garonne. Au moins ceux-là sont francs !

Je ne vois pas, quant à moi, qu'il y ait urgence à proroger, dès maintenant, les pouvoirs du chef de l'État. N'a-t-il pas longue vie encore devant lui, puisque l'Assemblée actuelle ne veut pas s'en aller ? J'aurais compris qu'il restât au pouvoir, malgré l'échec subi par son ministère, et qu'il gouvernât jusqu'à la réunion de l'Assemblée prochaine ; mais je ne m'explique pas quel intérêt peuvent avoir ceux qui veulent l'affermissement de la République, à prolonger l'existence d'un gouvernement dont les sympathies pour la République sont au moins douteuses.

Si un danger quelconque menaçait le pays, si l'ordre public était troublé, si l'autorité du chef de l'État était méconnue, j'accorderais qu'on voulût donner à ce président provisoire d'un gouvernement aussi provisoire que lui-même, une force qu'il ne puiserait pas dans des institutions encore instables. Mais le calme est partout ; mais à défaut de pouvoirs exceptionnels, le gouvernement a pour lui l'état de siége ! Quelle utilité, dès lors, de modifier les bases d'une constitution qui suffisait à M. Thiers, en des temps plus difficiles, — alors que nous devions un solde de plusieurs milliards à la Prusse, et que l'armée allemande occupait une partie considérable de notre territoire?

Il est possible que cette prorogation inopportune, impolitique, flatte l'amour-propre de M. de Mac-Mahon, mais elle ne satisfait pas les intérêts de la France; loin de là. La preuve que le pays ne trouve pas son compte à cette mesure inattendue, inexplicable, non justifiée par les circonstances, c'est que la loi de prorogation, bien que sollicitée par M. le maréchal *lui-même* au nom du salut public, a reçu de l'Assemblée un accueil fort peu enthousiaste, que le texte de loi présenté par les amis du gouvernement a été écarté, et qu'on prend des garanties contre toute velléité de dictature.

Les républicains les moins prompts à s'émouvoir ont compris la portée de ce qu'on leur demandait; ils ont vu le piége tendu par les monarchistes; et le centre gauche, par la voix de M. Dufaure et celle de M. Grévy, a sur-le-champ opposé son *veto*.

Tout cela est parfait, mais il eût fallu persévérer dans la voie où l'on était entré. Les concessions, les compromissions, les transactions avec des hommes qui rêvent de coups d'État et ne cherchent que l'occasion de réussir, sont autant de fautes irréparables. En politique, les fautes se payent ordinairement très-cher. Dieu veuille que MM. Léon Say et Casimir Périer n'aient pas bientôt à se repentir!

Mon avis est que la prorogation devait être refusée avec fermeté et dignité; l'assemblée actuelle n'a pas le droit d'aliéner la souveraineté du futur parlement.

Mais, dira-t-on, M. de Mac-Mahon se serait retiré!

Eh bien, après?... N'y a-t-il donc que M. de Mac-Mahon pour gouverner la France? Pas plus que M. Thiers, M. le duc de Magenta n'est indispensable; — ce qui est fort heureux, puisqu'il peut mourir.

Laissez faire, il y a dans l'Assemblée, et même en dehors, plus d'un homme capable de faire un excellent président de la République.

Mais c'est un de nos défauts — même dans les circonstances les plus graves — de nous préoccuper toujours de questions de personnes. Dans la crainte de blesser l'amour-propre d'un homme, on sacrifie les principes. C'est peut-être de la politesse, du savoir-vivre, mais ce n'est pas de la politique!

14 novembre 1873.

# XLVI

## Assez de compromis!

Mes pressentiments ne m'avaient pas trompé, et les craintes que j'avais cru pouvoir exprimer il y a huit jours, n'ont pas tardé à recevoir la plus éclatante des confirmations.

Le centre gauche a été battu. — Il a été battu, comme je le prévoyais, pour n'avoir pas su garder ses avantages, pour s'être entêté à faire de la conciliation avec des hommes qui n'en veulent à aucun prix, et surtout (j'appuie sur ce point) pour avoir sacrifié, dans un intérêt purement transitoire, les principes essentiels du droit politique moderne.

Les transactions, les compromis, les violations du droit, sont en politique des fautes graves, — à tout le moins des expédients dangereux. Or, je ne saurais trop le répéter, les expédients comme les fautes se payent cher. Nous venons d'en avoir une preuve nouvelle. Je souhaite que les chefs les plus autorisés du centre gauche, et particulièrement MM. Léon Say et Casimir Périer — qui doivent regretter vivement de s'être montrés d'aussi facile composition —

profitent de l'expérience et se souviennent de la rude leçon qu'ils reçoivent des événements.

Mais les récriminations contre ce qui est irréparablement consommé, ne serviraient de rien. Il s'agit de savoir aujourd'hui quelle est notre situation exacte, et quel parti nous pouvons tirer — si nous sommes habiles — du succès même de nos adversaires.

Jusqu'à présent, il faut bien le dire, le fond des choses n'est pas changé : M. de Mac-Mahon ne possède pas un atome de pouvoir de plus. Il est aujourd'hui ce qu'il était hier. La seule différence notable que nous ayons à relever, c'est qu'il a, de par la loi nouvelle, sept années devant lui.

Sept années!... mon Dieu! je ne veux pas mettre en doute la vitalité de ce gouvernement, né d'un vote de l'Assemblée souveraine; mais il est hors de conteste que les choses humaines restent soumises à une foule de vicissitudes. Les présidences, comme les monarchies, sont sujettes à des accidents. D'ailleurs, ce n'est pas moi qui mets en avant cette idée, que des changements nouveaux pourraient bien devenir nécessaires avant l'expiration de la période septennale fixée par la nouvelle loi. Tous les orateurs qui ont pris la parole dans les débats, ont formulé des craintes à cet égard. Il n'est pas jusqu'aux membres de la droite, c'est-à-dire jusqu'aux hommes qui ont le plus contribué au succès de M. de Mac-Mahon, qui n'aient donné à entendre que, pour eux, sept ans... ce serait bien long.

N'est-ce pas M. Rouher qui, à la tribune, a conté ce détail édifiant :

« Lorsque, dans nos conversations particu-
« lières, je disais : — Comment voulez-vous faire
« un provisoire de sept ans? On m'a répondu :
« — *Vous y croyez donc ?... cela durera ce que*
« *ça pourra !* »

J'avoue que cet aveu dépouillé d'artifice m'a paru splendide!

Mais il n'est pas le seul du même genre que nous ayons recueilli. M. de Lorgeril, qui veut que la France entière sache que son vote ne l'engage pas, écrit carrément qu'il compte sur le « désintéressement » du maréchal, que la « monarchie seule peut sauver la France, » et qu'il va consacrer tous ses *efforts* à son prompt rétablissement.

De telle sorte que si une monarchie quelconque devient possible dans trois mois, les sept ans de M. de Mac-Mahon n'iront pas au delà.

Et ce sont, notez bien, les partisans de la prorogation qui tiennent ce langage irrévérencieux.

D'où il suit que l'incertitude sur la durée du pouvoir confié au duc de Magenta, nous vient des monarchistes, grands amis, comme on sait, de M. de Broglie et de M. Ernoul.

Du reste, ce point particulier doit nous être,

13.

à nous républicains, complétement indifférent. Il nous importe peu de savoir combien de temps le président actuel de la République conservera le pouvoir, la seule chose qui puisse nous préoccuper, c'est l'usage qu'il en fera.

Sous ce rapport, je ne pense pas que notre situation soit sensiblement aggravée.

Jusqu'au vote des lois constitutionnelles, les attributions du chef de l'État demeureront ce qu'elles étaient, ce qu'elles sont encore. Mais fera-t-on des lois constitutionnelles? Là est toute la question.

Voter de pareilles lois, ce serait *confirmer* la République.

M. de Lorgeril, qui déclare vouloir, sous le gouvernement de M. de Mac-Mahon, consacrer tous ses efforts à la restauration de son roy, y consentira-t-il? C'est au moins douteux.

Notons en outre, que M. de Lorgeril n'est pas seul; il y a, dans l'Assemblée, des royalistes plus décidés encore que lui; ce sont ceux qui, fidèles à leur principe, ont refusé de voter la prorogation *comme portant atteinte au droit royal*. On en compte sept. Ceux-là, à coup sûr, ne voteront pas des lois constitutionnelles.

Et les républicains, pense-t-on qu'ils y prêteront la main? Les lois que pourra préparer le gouvernement seront évidemment trop restrictives des libertés nécessaires à la vie politique du pays pour qu'ils les acceptent jamais.

Il pourrait donc arriver que l'Assemblée se
vît dans l'impossibilité absolue de constituer
quoi que ce soit. Cela dépend de l'attitude que
daignera prendre le centre gauche. S'il veut,
d'accord avec les deux gauches, repousser toutes
les lois de défiance et de compression que ne
manquera pas de présenter le ministère, la situation peut être sauvée; mais il faut de l'entente, de l'union, de la fermeté.

Plus de compromis, plus de transactions
avec les ennemis du régime républicain! Nous
sommes suffisamment éclairés sur les intentions des monarchistes, soi-disant conservateurs; le doute, à cet égard, n'est possible que
pour ceux qui veulent absolument être trompés. Que M. Léon Say, qui préside en ce moment le centre gauche, que M. Casimir Périer,
qui exerce sur ce groupe parlementaire, une
influence considérable, veuillent bien y songer. L'avenir, — je ne dirai pas seulement
de la République — mais du pays, est entre
leurs mains. Ils peuvent, ou nous tirer de
l'abîme, ou nous y précipiter. Si le centre gauche vote les lois réactionnaires qui vont être
soumises à l'Assemblée, il livre la France; s'il
s'entend avec les deux autres fractions de
l'opposition républicaine pour repousser ces
lois, l'impuissance dans laquelle se trouvera
l'Assemblée actuelle de rien faire d'utile, rendra
inévitable, dans un délai plus ou moins rap-

proché, la convocation d'une Constituante.

Et que le centre gauche en soit bien convaincu : c'est à son profit que se feront les élections. Il aura, dans l'Assemblée nouvelle, une majorité considérable. Les radicaux reviendront, selon toute probabilité, en nombre à peu près égal ; mais le parti monarchiste éprouvera des pertes, et tout ce que perdra le parti monarchiste, c'est le centre gauche qui le gagnera.

Il a donc tout intérêt à désirer la dissolution.

Qu'il s'applique, dès lors, à rendre impuissante l'Assemblée actuelle ; qu'il se refuse à toute transaction, à toute conciliation ; qu'il repousse tout compromis, et, en agissant de la sorte, — je le lui prédis avec conviction, — c'est son avénement au pouvoir qu'il préparera.

Mais s'il hésite, s'il se compromet de nouveau, s'il bat encore une fois en retraite, non-seulement il perd définitivement la situation que les circonstances lui ont donnée, mais il précipite la France dans le plus pitoyable gâchis qui se puisse rêver.

La dictature n'est pas un régime, encore moins une solution. C'est un état révolutionnaire.

Nous n'en sommes pas là, je le sais ; mais nous y pourrions venir.

Voilà pourquoi j'insiste pour que l'unité se fasse dans le camp républicain.

Je n'ai pas l'honneur d'être connu de M. Casimir Périer, mais je sais que ma parole ira jusqu'à lui. Puisse-t-il m'entendre et me comprendre !

21 novembre 1873.

---

# XLVII

## Conseils au centre gauche

Voilà le ministère reconstitué.

Quelle sera son attitude en face de la loi de prorogation ? C'est ce que personne ne pourrait dire encore.

Nous vivons, du reste, en des temps où il est assez difficile de bien savoir ce que pensent les hommes ; et cela, pour une bonne raison : c'est que les paroles ne prouvent rien.

Voyez M. Parigot, par exemple, qui avait juré solennellement de s'opposer à la rentrée en France des princes d'Orléans, et qui a voté d'enthousiasme l'abrogation des lois d'exil !

Nous avons des témoignages plus curieux encore et non moins concluants de l'inconsistance de certains caractères.

Il y a huit jours, je rapportais l'édifiante déclaration de M. de Lorgeril, lequel, après avoir
proclamé très-haut la nécessité de proroger les
pouvoirs de M. de Mac-Mahon, s'empressait
dès le lendemain de faire connaître par la voie
des journaux, qu'une décision pareille, si solennelle qu'elle parût, ne tirait pas à conséquence.

Encouragés par ce bel exemple de loyauté
politique, deux ou trois collègues et amis du député *dégustateur*, ont publié des déclarations
analogues.

Il n'est pas jusqu'à l'auguste « descendant de
nos *roys* « qui n'ait également fourni des preuves
nombreuses des irrésolutions de son esprit, —
j'allais dire des hésitations de sa conscience.

Vous avez tous lu, en effet, la fameuse lettre
datée de Salzbourg, le 27 octobre dernier, et
vous avez cru avec une foule d'honnêtes gens
que cette lettre était, de la part du comte de
Chambord, un renoncement définitif au trône de
France.

Eh bien! non. Pendant que l'Assemblée nationale, dans la nuit du 19 novembre, discutait la
question Mac-Mahon, le noble fils de la duchesse
de Berri rôdait autour du palais de Versailles, —
prêt à se faire couronner au premier signe que
lui eussent adressé ses amis de l'extrême droite.

Aucun signe n'ayant été fait, l'héritier de
Charles X a repris *incognito* le chemin de l'Autriche.

Venu sournoisement, il est reparti de même.

Ce qui prouve de la façon la plus évidente qu'en refusant la couronne, Henri V ne la refuse pas.

De pareils agissements ne sont pas de nature a éclairer les situations.

Nous en sommes à ne plus savoir, quand un monarchiste parle — ou quand un prince écrit, — si les *oui* sont des *non*, ou si les *non* sont des *oui*.

De là notre incertitude sur la véritable signification du ministère qui vient d'éclore.

En apparence, le duc de Magenta, mécontent des restrictions du groupe légitimiste, fait un pas timide vers la consolidation de son pouvoir ; la présence, dans le cabinet, de MM. Depeyre et Fourtou — surtout de M. Fourtou, ministre *in extremis* de M. Thiers au 24 mai, — semble le démontrer. Or, la consolidation du pouvoir de M. de Mac-Mahon, ce serait la consolidation du régime républicain.

Mais il ne faudrait pas nous trop bercer d'illusions. Il se pourrait faire qu'en rompant avec les partisans du droit divin, le cabinet ait eu, tout simplement, l'intention de se rapprocher des orléanistes. Le ministère est, en effet, centre droit.

Le bruit court que des avances mielleuses, par conséquent intéressées, vont être faites au centre gauche ; le portefeuille offert à M. Fourtou servirait d'appât. Que le ciel préserve le centre gauche de se laisser prendre à ce piége grossier ! Les fautes qu'il a commises doivent lui servir de leçon. Il doit savoir que ses adversaires d'hier restent ses adversaires d'aujourd'hui ; que les hommes qui occupent en ce moment le pouvoir — à commencer par le vice-président du conseil — veulent tous, ou presque tous, le rétablissement de la monarchie ; qu'aucun effort ne coûtera à ces hauts et puissants personnages pour atteindre leur but. Si donc le centre gauche ne veut pas être dupé, s'il désire sincèrement l'organisation d'une république modérée, conservatrice, progressive, son devoir est de résister à toutes les tentatives d'embauchage dont il va être le point de mire.

Il faut amener le président de la République à constituer un ministère exclusivement centre gauche ; ni la gauche, ni l'extrême gauche n'y feront obstacle. Les hommes qui composent ces deux groupes ne se sont pas, jusqu'à présent, montrés bien révolutionnaires. Si je compare leur conduite à celle des députés de la droite, je trouve au contraire qu'ils ont donné des preuves non équivoques de leur dévouement, de leur patriotisme. Ils se sont continuellement effacés. Quel danger donc y aurait-il pour les amis de **M.** Thiers, à rechercher l'appui de ce noyau d'hommes politiques sages, prudents, réservés ?

Aucun.

L'alliance des gauches peut seule, dans les circonstances présentes, faire échec aux espérances de restauration monarchique que caressent encore les principaux membres du gouvernement; — à la condition, bien entendu, que cette alliance sera loyale, ferme, soutenue, et qu'aucune défection ne se produira dans les rangs.

Cette fermeté d'attitude est d'autant plus nécessaire que des promesses trompeuses ne manqueront pas d'être portées à la tribune, pour attirer du côté de la majorité ceux que les meneurs pourront croire irrésolus. Mais, je le répète, quand on voit tant de gens se retourner avec une prestesse qui ferait l'admiration de nos meilleurs acrobates, et déclarer du ton le plus dégagé du monde que les lois qu'ils votent ou les lettres qu'ils signent, ne comptent pas pour eux, — on doit se mettre en garde contre les paroles dorées, les promesses séduisantes, les déclarations pompeuses de ces«monteurs de coups», qui font de la politique une perpétuelle plaisanterie, et considèrent comme de « bonnes farces » les ruses qu'ils emploient pour vaincre.

Ce qui manque, chez nous, à une foule de gens, c'est la probité en matière politique. Il semble que, sur ce terrain-là, tout soit permis. Tromper son adversaire est chose légitime.

Mais le plus adroit, — disons-le, nous autres, — n'est pas toujours le plus honnête! Il est des finesses que j'appelle, moi, de monstrueuses immoralités! Peut-être trouvera-t-on que j'ai le caractère mal fait et la conscience bien susceptible. Mais je ne suis ni roi *in partibus*, ni monarchiste en quête d'une place, et je considère (dût M. Parigot me faire un crime de cette choquante hérésie!) que toute promesse engage et que tout piége tendu est un acte d'improbité.

Mais puisque l'opinion contraire semble prévaloir et que, sur le terrain des luttes politiques, l'emploi de la ruse est passé dans nos mauvaises mœurs, j'insiste de nouveau pour que le centre gauche — uni et compacte — résiste avec dignité aux cajoleries intéressées des amis du nouveau ministère.

Les honnêtes saltimbanques qui ont traité M. Dufaure de démagogue et M. de Rémusat de pétroleur, ne peuvent, il me semble, inspirer grande confiance aux républicains modérés qui siégent sur les mêmes bancs que ces deux honorables. Aussi longtemps qu'on aura besoin de leurs complaisances, on leur adressera les plus séduisants sourires; mais quand ils ne seront plus utiles, on les gratifiera gracieusement des épithètes de *communards* et *d'anarchistes*.

M. Thiers, depuis sa chute, n'est-il pas, de la

part de ces messieurs, l'objet des plus révoltantes calomnies?

Le centre gauche est donc prévenu ; — et s'il se laisse prendre, s'il fait imprudemment l'appoint dont les monarchistes ont besoin pour grossir leur majorité factice, — il sait du moins ce qui l'attend au grand jour de la victoire.

28 novembre 1873.

# XLVIII

## Défection du Centre gauche

Il ne me semble pas que l'assemblée *dictatoriale* (1) qui siége à Versailles, ait beaucoup relevé son crédit depuis huit jours. On dirait que nos « seigneurs et maîtres » ont pris à tâche (je ne leur en veux pas, croyez-le bien!) de se perdre eux-mêmes, le plus rapidement possible, dans l'opinion publique. Le fait est que les grandes habiletés de la droite équivalent presque

(1) Expression empruntée à M. le comte Douhet, membre de la droite.

toujours à des maladresses : toutes ses manœuvres échouent, toutes ses taquineries tournent
contre elle.

La séance du 3 décembre restera certainement
dans les annales parlementaires, comme un témoignage frappant de ce que peuvent les mino-
rités unies, fermes, compactes, pour résister aux
prétentions exagérées d'une majorité oppres-
sive. Il a suffi de l'entente des trois fractions de
la gauche, pour réduire à l'inaction cette majorité
hautaine, pour qui le respect des convenances
n'existe plus. Quoi! sans le concours des néo-
républicains, des conservateurs du centre gauche, la majorité royaliste ne peut rien! Elle qui
prétend représenter *toute* la France, et voulait, il
y a un mois, nous imposer la monarchie, elle ne
représente même pas la moitié de l'Assemblée!
Il faut, pour que ces tendances réactionnaires
l'emportent, que de complaisants auxiliaires se
détachent des groupes adverses! — Quel enseignement, si ceux dont on recherche ainsi l'alliance et dont on essaie de provoquer la défection, voulaient bien ouvrir les yeux!

Mais nous n'avons plus à espérer.

Après avoir expérimenté sa force, le centre
gauche qui pouvait renverser le ministère et
gouverner demain — que dis-je? aujourd'hui! —
a mieux aimé faire acte public de soumission
et de repentir.

C'est à lui seul, c'est à sa faiblesse, c'est à sa

désertion que nous devons le vote de l'ordre du
jour pur et simple réclamé par  le ministère, à
la suite de  l'interpellation de M. Lamy sur l'é-
tat de siége.

Or, quelles sont les conséquences de cet ordre
du jour, voté par 409 voix  contre 293 ?

Les voici :

Consolidation du gouvernement *de combat ;*
Maintien au  pouvoir, malgré les incessantes
protestations de la France, des ministres hosti-
les à l'établissement définitif de la République
— particulièrement de M. de Broglie ;
Prolongation de l'état de siége, même dans les
départements où il n'existe pas régulièrement ;
Ajournement indéfini des libertés publiques ;
Stagnation des affaires ;
Ralentissement des travaux dans la plupart
des ateliers ;
Chômage et misère !

Mais, au-dessus de tout cela, je place encore
l'effet moral, l'effet désastreux, produit sur  le
pays par ce « blanc-seing » accordé à des hommes
qui ne se servent de leur puissance que pour assurer les  intérêts du parti qu'ils  représentent.
On le leur a dit à la tribune : leurs actes politiques ne sont pas des actes de « préservation sociale, » mais des  actes de « passion. » C'est, je
crois, M. Jules Ferry, qui a tenu ce langage.

Ils gardent l'état de siége partiel jusqu'au jour où (c'est toujours M. Ferry qui parle) on aura mis « la camisole de force à la France! »

Malgré les énergiques réclamations des orateurs de la gauche, et bien qu'il fût établi que le régime arbitraire sous lequel on s'obstine à maintenir le pays, ne peut couvrir que des mesures d'injustice et de compression, — peut-être même de nouvelles tentatives de restauration royaliste, — le groupe puissant qui, la veille, avait si noblement fait son devoir, s'est désagrégé. Il a rompu son alliance avec la gauche et donné ses voix au ministère.

Et pourquoi cela? quels motifs ont pu le déterminer?

Il a fallu bien peu de chose : — une vague promesse de M. de Broglie.

Le vice-président du Conseil a déclaré qu'il serait dangereux pour l'ordre public, — malgré le calme dont nous jouissons, — de désarmer le pouvoir; il a, comme aux grands jours de l'empire, agité les loques défraîchies du spectre rouge; il a promis que des lois seraient prochainement présentées, qui offriraient toute garantie au gouvernement d'une part, au parti conservateur de l'autre; et sur cette assurance, sans en demander davantage, sans s'inquiéter de ce que seront ces lois, les timides du centre gauche ont voté le *satisfecit* réclamé par M. de Broglie.

Comment? avoir la force, être maître du terrain, et battre ainsi en retraite! ·

Voilà deux fois, en bien peu de temps, que le
centre gauche nous fournit la preuve de son inconsistance et de son manque absolu de fermeté.
Nous lui prédisons qu'il sera dupe, et — chose
passablement humiliante — dupe par sa propre faute.

Il n'y aurait que demi-mal si les hommes qui
ne craignent pas d'assumer la responsabilité de
ce triste jeu de bascule, étaient seuls à souffrir
de leur faiblesse; mais ils entraînent le pays
avec eux. Ils pouvaient nous débarrasser de
l'état de siége; en ne le faisant pas, ils ont manqué à leur devoir de représentants de la nation.
Les promesses de M. de Broglie ne justifient
pas le vote malencontreux dont nous avons à
nous plaindre. Nous savons ce que nous gardent les lois annoncées par le ministre. Le centre gauche ne l'ignore pas plus que nous.

La faute commise est donc extrêmement
grave. Elle perpétue un régime contre lequel la
France, calme et fière, proteste par toutes les
voix légales; elle éternise un état de choses dont
le résultat le plus clair est de paralyser toutes
les forces vives de la nation, toutes les puissances productrices du pays; car, quoi qu'en
dise M. Malartre (un député bien amusant!) le
commerce et l'industrie souffrent toujours des
incertitudes et des hésitations de la politique.

Les espérances que les républicains avaient cru pouvoir fonder sur le concours des amis de M. Léon Say, semblent donc bien près de s'évanouir.

Mais qui sait ?

La résistance du centre gauche aux avances du ministère nous eût conduits selon toute probabilité au vote des lois constitutionnelles *monarchico-républicaines*, élaborées par la commission des Trente ; — ses tergiversations nous conduiront peut-être à la dissolution.

C'est la grâce que je nous souhaite !

5 décembre 1873.

# XLIX

## Bazaine

L'événement d'hier — qui est encore l'événement d'aujourd'hui, mais ne sera déjà plus celui de demain, — c'est la condamnation à mort et à la dégradation militaire de l'homme à qui la France doit l'humiliation de son drapeau, l'in-

vestissement de sa capitale, la perte de deux
provinces et le paiement de cinq milliards d'in-
demnité de guerre.

Nous avons, en effet, le droit de dire que, sans
la trahison du chef militaire auquel avait été
confié le commandement supérieur de l'armée
du Rhin, une grande partie de nos désastres
eût pu être évitée.

Certes, nous n'empêchions pas l'ennemi de
fouler le sol de la patrie ; c'était chose consom-
mée au moment où l'ex-maréchal Bazaine rece-
vait des mains de Napoléon III l'investiture du
commandement. Mais il est certain, il ressort
des débats solennels auxquels nous venons d'assister, que sans la coupable défection de ce soldat ambitieux, l'issue de la guerre eût été singulièrement modifiée.

D'abord, en utilisant son corps d'armée, Bazaine empêchait Frédéric-Charles de marcher
sur la Loire. Les secours qui, de ce côté, se di-
rigeaient vers Paris, en eussent rendu l'investis-
sement impossible. — Paris libre, c'était la
France sauvée !

Et puis, soyons assurés d'une chose, c'est
que la bonne contenance de l'armée du Rhin eût
rendu Guillaume et ses conseillers beaucoup
plus coulants sur les conditions de la paix. Si
nous avons éprouvé des difficultés pour traiter
après Sedan, c'est que déjà M. de Bismarck et
les princes allemands prévoyaient, comme ils

l'ont dit plus tard, que Bazaine serait à eux.

Celui dont le premier conseil de guerre vient de flétrir à jamais le nom, est donc une des causes principales de l'effondrement momentané de la patrie. Ah! si la France n'a pas sombré, si elle existe encore, si elle se relève, si son honneur est sauf, ce n'est pas la faute de ce personnage sinistre qui, froidement, lâchement, a livré aux soudards germains la ville sainte, Metz l'*inviolée !*

Aussi le jugement, qui condamne à la peine de mort et à la dégradation militaire l'auteur de ce crime, sans précédent dans l'histoire du monde, a-t-il été accueilli par l'opinion publique comme un acte de justice et de haute impartialité politique.

Non pas, notez bien, qu'un sentiment de haine fasse désirer de voir couler le sang du coupable. Que nous importe, à nous, que M. Bazaine vive ou ne vive pas? Est-ce que cet homme nous est quelque chose? Ce n'est plus même notre compatriote : le soldat qui livre la France ne peut être français.

Mais nous avons à faire un grand exemple. Il faut que l'armée sache bien que tout félon est puni, — et que les grosses épaulettes ne sauvent point les traîtres !

Cependant, depuis hier, le bruit se répand que la peine de mort prononcée contre le condamné de Trianon, sera commuée en celle du bannissement ou de la simple transportation dans un lieu qui n'aurait rien de commun avec la Nouvelle-Calédonie.

Il est probable qu'à l'heure où j'écris, la résolution du gouvernement est prise, et que ce soir même elle sera connue.

Mais, jusqu'à présent, rien n'a transpiré.

Si M. de Mac-Mahon acceptait la responsabilité d'un pareil acte de clémence, je n'hésite pas à dire qu'il commettrait, politiquement, une faute grave.

Qu'est-ce à dire ? Lorsqu'un simple soldat manque à son devoir, on le fusille sans pitié ?..., et parce qu'il s'agit d'un maréchal de France, la loi militaire fléchirait !...

Que penserait l'armée de cette indulgence exceptionnelle, d'autant plus inexplicable que le crime commis est plus grand ? Est-ce ainsi qu'on rétablirait la discipline ?

Dans le salon d'un officier supérieur où je passais il y a quelques semaines la soirée, un lieutenant-colonel racontait le fait suivant qu'il n'est peut-être pas inutile de répéter. Il est significatif.

Nous causions du procès de Trianon. Chacun exprimait son avis sur l'issue probable de ce procès émouvant.

— Voulez-vous, nous dit le lieutenant-colonel,

avoir une idée des préoccupations qui agitent l'esprit du simple soldat ? Eh bien! voici un mot que je puis vous donner comme authentique. Tout récemment, devant le... conseil de guerre, un soldat était traduit sous l'inculpation d'avoir vendu son pantalon. Le fait était établi ; le pauvre diable ne le contestait pas. Il invoquait seulement, comme circonstance atténuante, l'état d'ivresse dans lequel il se trouvait *par exception* le jour du délit. Le tribunal, en veine de sévérité, prononça une condamnation à deux années d'emprisonnement. — « Deux ans de prison, pour avoir vendu mon pantalon! murmura le malheureux en jetant un regard désolé sur ses juges, mais qu'est-ce que vous ferez donc à Bazaine qui en a vendu cent soixante-quinze mille *avec les hommes dedans!* »

Ce mot, qu'on me permette de le dire, est pittoresque et juste; à bien considérer, il ne manque même pas d'une certaine profondeur. C'est en quelque sorte, le cri d'une conscience.

Il faut donc prendre garde de froisser le sentiment de justice qui est au fond de tous les cœurs.

Ne pas exécuter la sentence prononcée contre un maréchal de France, parce qu'il est maréchal de France, — sembler admettre des circonstances atténuantes, là où il ne peut y en avoir, — ce serait courir le risque de démoraliser l'esprit de l'armée.

De même que la condamnation était obligatoire — l'exécution du jugement est de nécessité sociale.

Je suis de ceux qui demandent l'abolition de la peine de mort ; aujourd'hui comme il y a six mois, comme il y a un an, comme il y a dix ans, je supplie nos législateurs d'effacer du code français cette coutume barbare qui ne remédie à rien, ne répare rien. Mais si on la conserve pour les criminels vulgaires, — Bazaine doit mourir !

Ce sont les obligations militaires les plus graves des commandants en chef, qu'une amnistie remettrait en question. Ou il faut que le jugement prononcé reçoive son exécution, ou il faut que la commutation de peine devienne le point de départ d'une suppression absolue de la peine de mort.

Laissez vivre Bazaine, soit ; — mais déclarez qu'à l'avenir, aucune tête ne tombera plus, en France, sous le glaive de la loi.

Si le gouvernement fait cela, nous applaudirons ; — à la condition cependant qu'on se bornera à sauver la misérable existence de l'ex-*défenseur* de Metz, et que la peine de mort prononcée contre lui, sera seulement abaissée d'un degré.

Autrement, si l'homme que l'armée rejette aujourd'hui de son sein comme indigne, peut, sous le couvert d'un bannissement, aller vivre en paix des rentes qu'il s'est amassées sous l'empire, et s'installer dans quelque château bien confortable, à deux pas de nos frontières, — tout le bénéfice du jugement formulé par le conseil de guerre sera perdu.

Et l'on verra avant qu'il soit longtemps le beau résultat qu'aura produit cette malencontreuse indulgence !

12 décembre 1873.

# L

## Amnistie !

Les bruits d'hier sont officiellement confirmés.

L'homme qui a livré Metz et les soldats de la France, ne sera pas fusillé !

L'homme qui a jeté dédaigneusement dans les fourgons prussiens les drapeaux sans tache de son armée, ne sera pas dégradé !

Ainsi l'aura voulu le ministère présidé par M. le duc de Broglie.

Le *sieur* Bazaine — comme disent ordinairement les tribunaux — en sera quitte pour vingt années de détention..... en famille.

Certes, le gouvernement avait le droit de faire grâce de la vie à ce coupable.

Mais devait-il, par-dessus le marché, lui faire grâce de la honte ?

Je ne le crois pas.

Il me semble que le grand principe de l'égalité de tous devant la loi, se trouve atteint par cet acte inconsidéré de clémence.

Je ne conteste pas au chef du pouvoir exécutif le privilége enviable qu'il possède de gracier — peu ou prou — qui bon lui semble ; mais il me sera permis de regretter qu'en ce qui concerne l'ancien commandant de l'armée du Rhin, le pardon soit aussi complet.

N'est-il pas à craindre que, plus tard, ce précédent ne soit invoqué en faveur d'un autre maréchal ?

L'extrême indulgence a ses dangers — comme l'extrême rigueur.

Si le maréchal de France qui trahit son pays échappe aux pénibles formalités de la dégradation militaire, — comment pourra-t-on, sans injustice, infliger cette humiliation suprême au malheureux soldat coupable d'un simple crime de droit commun ?

Mais je ne veux pas m'appesantir sur ce sujet. L'avenir dira qui se trompe — de ceux qui demeurent inflexibles ou de ceux qui pardonnent.....

Quoi qu'il en soit, le jugement reste. Il reste entier ; le texte n'en est point modifié par l'indulgence inopportune du gouvernement. Le pays entend en retenir tous les termes, — sans restriction, sans atténuation, sans *diminution*.

Si le condamné de Trianon s'imagine que l'acte de clémence dont il vient d'être l'objet, lui rend l'honneur, il se trompe! S'il compte se prévaloir de la pitié de ses juges et des sentiments de commisération de son ancien frère d'armes, le maréchal de Mac-Mahon, pour se justifier devant l'histoire, il s'abuse!

Ce qu'a déclaré le conseil de guerre, ne peut être détruit.

Il y a chose jugée, irrévocablement jugée.

On peut soustraire le coupable au châtiment matériel; mais rien ne saurait enlever la tache indélébile imprimée à son nom.

Et si je dis cela, c'est que je ne serais pas surpris d'entendre un jour ce réfractaire du devoir et de l'honneur, invoquer la grâce partielle dont il vient d'être l'objet pour soutenir qu'il a été victime des passions politiques déchaînées contre lui, et que le jugement qui le condamne a été rendu sous la pression de l'opinion publique.

Mais c'est assez nous occuper de ce vilain personnage.

Nous avons mieux à faire que d'entretenir le public des récriminations plus ou moins probables d'un pareil monsieur.

Songeons à d'autres.

Depuis hier, un mot est sur toutes les lèvres.

La grâce accordée au nommé Bazaine, fait espérer que d'autres grâces suivront.

On parle d'amnistie.

Quoi! se dit-on, l'auteur de nos derniers désastres vivrait paisiblement, entouré des siens, sur le sol même de cette France qu'il a trahie, et de moins coupables croupiraient au delà des mers, dans des contrées lointaines, insalubres, inhabitables!

Quoi! Bazaine à l'île de Ré ou au fort Sainte-Marguerite, — et Rochefort en Nouvelle-Calédonie!...

Le gouvernement ne le permettra pas!

L'amnistie depuis si longtemps réclamée, sera la conséquence de la commutation de peine que vient de signer le président de la République.

Ayons foi dans la bonté de cœur de M. le maréchal de Mac-Mahon, — et dans la logique du ministère.

Si quelque chose peut faire accepter la mesure de clémence que tout Paris commente depuis ce matin, c'est l'espoir que le temps des sévérités est enfin passé et que nous entrons dans une phase d'indulgence et de réparation.

Les députés de la gauche se le diront. Un devoir s'impose à eux. J'ai la conviction que ce devoir sera rempli.

Qu'ils portent donc à la tribune de l'Assemblée nationale, ce vœu unanime des consciences calmes : Amnistie ! — Qu'ils se fassent les interprètes de nos désirs et de nos espérances !

Ceux qu'on a tués ne peuvent revivre ; — c'est assez de cette douleur pour le châtiment de la France ! Mais il y a, là-bas, loin, bien loin, de l'autre côté de l'horizon, des pères dont les enfants meurent chez nous de faim et de froid, parce que le chef de la famille est absent.

Combien, parmi ces malheureux que l'exil emporte, ont été simplement égarés ! Pas un d'eux, j'ose l'affirmer, n'eût commis ce crime sans nom de paralyser volontairement la défense de son pays envahi ! Pas un n'eût livré la ville inviolée qui s'appelle Metz !

Ah ! pitié pour eux !... Cette pitié, après tant de jours de deuil, après tant de longues et douloureuses angoisses, serait presque de la justice !

Que ceux qui ont le pouvoir de pardonner songent à ce qu'il y aurait de grandeur et de générosité de leur part, à prononcer ce mot sublime : « Amnistie ! »

Quoi ! pouvoir dire à de pauvres petits êtres sans soutien en ce monde : « Je vous rends votre père ! » Pouvoir dire à des proscrits, à des vaincus : « Je vous rends vos enfants et je vous rends votre patrie ! » Réfléchit-on bien à cela? Quelle action meilleure pourrait-on rêver d'accomplir en ce monde?

J'adjure les hommes qui n'ont qu'un mot à prononcer pour rendre à la joie tant de familles en deuil, de descendre en eux-mêmes, d'interroger leur cœur, de scruter leur conscience, — et quand le condamné de Trianon bénéficie d'un élan de commisération, de se dire : « Est-ce juste? »

Mais on m'apprend que ce vœu de l'opinion publique va recevoir son accomplissement. Dès aujourd'hui, un membre de l'Assemblée nationale demandera que la proposition d'amnistie, depuis longtemps déposée, soit enfin portée à l'ordre du jour.

Espérons que tous les partis, sans distinction, s'uniront pour suivre M. le président de la République dans la voie « généreuse » où il vient d'entrer, et que les représentants de la nation, de quelque côté qu'ils siégent, comprendront qu'on peut bien — quand le gouvernement fait remise à Bazaine de la plus grosse partie de sa dette — amnistier *complétement* la plupart des malheureux qu'on a conduits en Nouvelle-Calédonie.

*Ceci* commande *cela*.

A moins (chose assurément impossible) que l'ordre moral ne nous ait fait perdre jusqu'aux plus simples notions du juste et de l'injuste.

Mais non : à côté de la question de justice et d'humanité, il y a la question de sens commun.

« L'ordre moral » a le sens commun.

Nous pouvons donc croire que l'ère qui vient de s'ouvrir, est bien véritablement une ère d'apaisement,

Et que la conclusion de tous ces débats sera :

AMNISTIE !

13 décembre 1873.

---

## LI

### Fausse route

Il existe dans le beau pays de France, particulièrement sur les bancs de l'Assemblée nationale, quantité de gens qui ont une peur effroyable des révolutions — ce dont je ne les blâme pas, — mais qui, sans réfléchir sans doute aux conséquences probables de leur étrange politique, font tout ce qu'ils peuvent — et même un peu plus — pour en provoquer une nouvelle.

Ayant beaucoup à « conserver, » on comprendrait que ces peureux fussent les premiers à conseiller des ménagements. Eh bien ! non. Ce qu'ils demandent au contraire, c'est la lutte ouverte. — La lutte contre qui ? — Contre le pays.

Cependant, l'histoire est pleine de leçons que les hommes d'ordre d'aujourd'hui ne feraient peut-être pas mal de méditer. Quand une révolution commence, on ne sait jamais où elle s'arrêtera.

Pourquoi ne pas écouter, pendant qu'il en est temps encore, la grande voix de la nation ? Certes, on ne peut nier que la France, malgré les méfiances injustes et les calomnies intéressées dont elle ne cesse d'être l'objet, n'ait donné constamment l'exemple du calme et de la dignité. Et c'est quand elle fait usage de son droit souverain, c'est quand elle met à profit les rares occasions que lui offre la loi de manifester pacifiquement ses opinions, ses désirs, ses tendances, qu'on l'accuse d'effervescence révolutionnaire ?...

O aveuglement des hommes ! ô aveuglement des passions !

Nous sommes dans une impasse. Chaque fois que le pays est consulté, il indique la route à suivre pour en sortir, et on en sortirait si on tenait compte de ses avertissements. Mais voilà ! cette route ne convient pas à M. Barascud. M. de

15

Broglie étant ministre et courant quelques risques de ne plus l'être, si la France reprenait possession d'elle-même, on trouve plus simple de proclamer que le pays est malade, qu'il ne comprend pas ses véritables intérêts, qu'il ne sait pas un mot de la question politique à résoudre, — et pour le punir de son outrecuidance, on parle de lui tailler des étrivières et de le mettre aux arrêts.

Y restera-t-il longtemps? Ne se prépare-t-on point de cruelles déceptions? C'est à quoi ne semblent point songer les prétendus sages qui tiennent la tête des affaires.

Et pour commencer, voici la loi des maires. Ah! la bonne loi! comme elle va rallier les cœurs à ce gouvernement de combat et à cette droite surexcitée, qui, d'un commun accord, veulent reconquérir à tout prix la puissance qui leur échappe! Comme les paysans vont être contents, eux qui tiennent par-dessus tout à leurs franchises municipales! — Jamais pire maladresse n'a été commise.

« C'est de parti pris, » a dit M. Félix Dupin, qui, lui au moins, ne fait pas mystère de ses sentiments intimes.

Ainsi, nous voilà édifiés. L'équité, l'intérêt bien entendu du pays, le désir de pacifier les esprits, rien de tout cela n'entre en ligne de compte dans les résolutions de la droite. Les lois qu'on nous prépare sont des lois de *parti pris*, des lois de rancune et de représailles.

Et on l'avoue! et on s'en vante!

La loi des maires n'est qu'un modeste commencement. Après elle viendra vraisemblablement la loi *contre* le suffrage universel. Puisque les électeurs envoient des députés républicains à l'Assemblée, on imposera silence aux électeurs. Les élections partielles n'auront lieu que si la représentation d'un département a perdu un quart au moins de ses membres. Il pourrait y avoir deux cents siéges vacants à Versailles sans qu'il y eût, pour cela, un seul Collége à convoquer.

Et l'on s'imagine que la France, ainsi mise en suspicion, va applaudir? Erreur!... Loin de s'attirer des sympathies nouvelles, le gouvernement va s'aliéner la majeure partie de celles qui lui restent. Quant à la droite — déjà si peu populaire — elle achève, par cet acte nouveau d'inconséquence, de se discréditer tout à fait dans l'opinion publique.

Je ne parle que pour ordre du régime qu'on prépare à la presse. — On dit que ce sera le bouquet!

Combien, pourtant il eût été facile de donner l'ordre en gardant la liberté! Supposez un gouvernement qui tienne compte des besoins de la société moderne, qui s'inspire des conseils de l'opposition parlementaire, et cherche dans l'assentiment du pays son point d'appui naturel ; croyez-vous que les choses iraient plus mal? Bien au contraire ! Jamais un gouvernement n'est aussi fort que quand il a pour lui les sympathies et les encouragements de la nation.

Est-ce qu'en Angleterre l'opposition légale est considérée comme séditieuse? Est-ce qu'on l'accuse de vouloir « tout révolutionner autour d'elle? » Est-ce que l'opinion publique est tenue en suspicion et traitée comme une ennemie qu'il faut mettre, par tous les moyens, dans l'impossibilité de nuire? Pas le moins du monde. Les partis se combattent, en s'estimant, et les verdicts de la nation sont toujours respectés.

C'est ainsi qu'on évite les cataclysmes, les commotions violentes.

J'ai peur qu'en voulant, chez nous, opposer trop de digues au flot montant de la démocratie — on ne nous prépare inconsidérément de tristes jours!...

19 décembre 1873.

## LII

### Que fera l'Assemblée ?

« Si l'Assemblée, qui a si souvent affirmé son pouvoir constitutionnel, en arrivait à manifester son impuissance, à ne pouvoir faire ni la République, ni la monarchie, et à ne laisser à ses successeurs qu'un alibi provisoire de sept ans, exposé à toutes les vicissitudes qui s'attachent à la vie d'un homme qui compte déjà soixante-cinq années, je ne crains pas de l'affirmer, si l'Assemblée arrivait à cette impuissance, elle tomberait dans le ridicule et serait la risée du monde. »

Ce n'est pas moi qui dis cela, je m'en garderais bien. Avant que quarante-huit heures fussent écoulées, je serais poursuivi pour délit d'outrage envers la représentation nationale ; — pis que cela peut-être, — pour excitation à la haine et au mépris de M. Jean Brunet !

Comment ? il serait loisible à un homme de peu, un simple électeur, jouissant de ses droits civils et politiques (mais qu'est-ce cela ?) de supposer l'Assemblée de Versailles incapable de rétablir la monarchie ! On aurait le droit de dire — même par hypothèse — qu'elle s'expose grandement à tomber sous le ridicule et à devenir la risée du monde !.... Ah ! non, n'est-ce pas ? Il faut être soi-même membre de l'Assemblée souveraine et toute-puissante qui siége sur les banquettes du théâtre de Louis **XIV**, pour se permettre un langage aussi peu révérencieux ; il faut même appartenir à la fraction honnête et modérée devant laquelle se découvre **M. Buffet**, ce président providentiel qui voit toujours la majorité à droite, alors que les députés de la gauche — ces radicaux — et le public des tribunes, — ce juge aveugle, — s'obstinent à la trouver *quelquefois* dans les rangs de M. Gambetta.

Et de fait, les lignes incendiaires qu'on vient de lire et que je n'ai reproduites qu'en tremblant, sont dues à la plume d'un conservateur irréprochable, M. A. de La Rochette, député de la Loire-Inférieure.

Il est peut-être utile d'ajouter que M. de La Rochette est légitimiste, et que les légitimistes, pour ce quart d'heure, sont furieusement en colère.

Mon Dieu! le pays n'est pas cause si les tenants du pieux Henry se sont fait jouer par les amis de M. le comte de Paris. La couronne de France n'est point un gâteau qui se partage; elle ne peut couvrir qu'une seule tête à la fois. Si les fidèles du droit divin se sont fourvoyés dans une alliance hybride avec les orléanistes, ils ne peuvent accuser qu'eux-mêmes du malheur qui les frappe. Du reste, quand deux larrons s'associent pour un vilain coup, il y en a toujours un qui se trouve dupé : c'est la loi.

De quoi se plaint donc M. de La Rochette?

Quoi qu'il en soit, l'Assemblée nationale est mise en demeure de se prononcer sur la forme définitive du gouvernement. Les purs de l'extrême droite veulent une solution : « République ou monarchie », disent-ils.

Naturellement, leurs vœux sont pour la monarchie; elle seule peut rendre au pays sa prospérité compromise et faire de notre patrie mutilée un petit Paradis terrestre.

C'est même parce qu'ils ont cette conviction, que, « trop faibles en nombre pour donner tout de suite à la France la monarchie qui la sauverait, ils ont voté la prorogation des pouvoirs du maréchal de Mac-Mahon. »

Ils l'ont fait « avec douleur »; mais ils y étaient contraints. Et d'ailleurs, ils ont toujours pensé que le maréchal ne demanderait pas mieux que de quitter le place, le jour où le roi légitime, — qui daigne attendre, — aurait enfin trouvé la voix de majorité dont le *droit divin* d'à présent (singulier droit divin!) ne peut malheureusement se passer.

Mais comment l'Assemblée sortira-t-elle de la situation difficile dans laquelle ose la placer M. de La Rochette? Elle *ne veut pas* faire la République, cela est connu; j'ose même dire que si elle tentait de proclamer définitivement ce régime subversif, M. de La Rochette s'y opposerait. D'autre part, le rétablissement de la monarchie lui est impossible. Je demande dès lors ce qu'elle va devenir, en présence de la perspective peu flatteuse que lui promet le député légitimiste de la Loire-Inférieure.

Va-t-elle donc (ô blasphème!) « tomber dans le ridicule? » Va-t-elle être, l'an prochain, « la risée de l'univers? »

Pour un homme d'ordre, monsieur de La Rochette, vous laissez tenir à votre plume des propos singulièrement compromettants, j'oserais presque dire déplacés. Moi qui vous parle, en admettant que je pense comme vous (ce que je ne suis pas obligé de vous dire), je ne me permettrais jamais de le crier ainsi par-dessus les toits. Vous êtes bien heureux que le successeur de M. Grévy soit complétement sourd de l'oreille droite, sans cela vous auriez, je l'espère, trouvé à qui parler.

En tout état de cause, j'attends les votes futurs de l'Assemblée dont vous continuez de faire partie, pour savoir si je dois la vénérer à genoux, ou gloser de son impuissance avec mes amis les radicaux.

26 décembre 1873.

F I N

# TABLE DES MATIÈRES

Paris-Vaugirard. — Typographie N. Blanpain, 7, rue Jeanne.

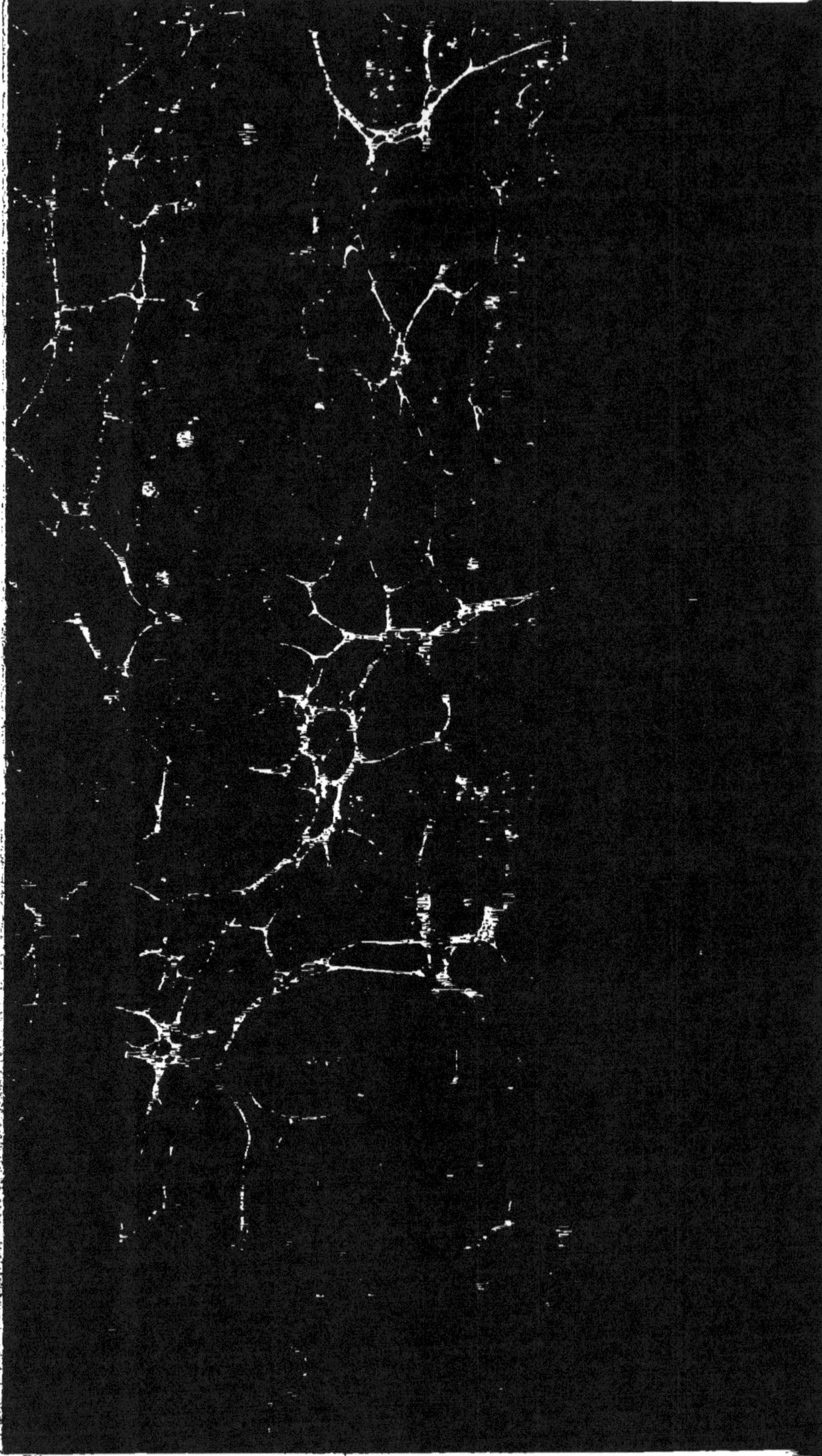

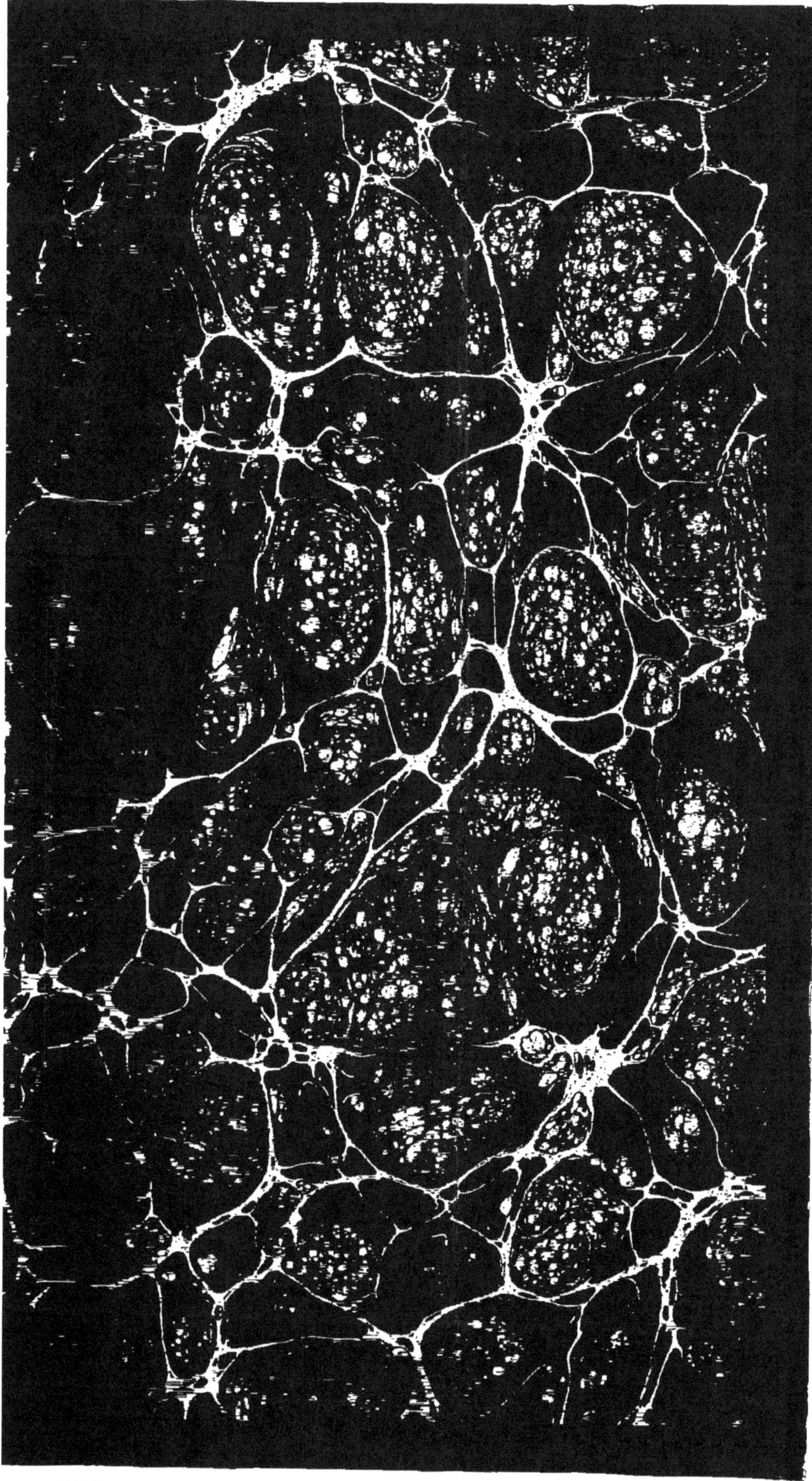